电子商务网站管理与维护

平文英　侯文亚　主编

经济管理出版社

经济管理出版社
ECONOMY & MANAGEMENT PUBLISHING HOUSE

图书在版编目（CIP）数据

电子商务网站管理与维护/平文英，侯文亚主编. —北京：经济管理出版社，2014.3

ISBN 978-7-5096-3232-1

Ⅰ.①电… Ⅱ.①平… ②侯… Ⅲ.①电子商务—网站—教材 Ⅳ.①F713.36 ②TP393.092

中国版本图书馆 CIP 数据核字（2014）第 155595 号

组稿编辑：魏晨红

责任编辑：魏晨红

责任印制：黄章平

责任校对：赵天宇

出版发行：经济管理出版社

（北京市海淀区北蜂窝 8 号中雅大厦 A 座 11 层　100038）

网　　址：www. E-mp. com. cn

电　　话：(010) 51915602

印　　刷：三河市延风印装厂

经　　销：新华书店

开　　本：889mm×1194mm/16

印　　张：16

字　　数：410 千字

版　　次：2014 年 3 月第 1 版　　2014 年 8 月第 2 次印刷

书　　号：ISBN 978-7-5096-3232-1

定　　价：39.00 元

序

为深入推进国家中等职业教育改革发展示范学校建设，努力适应经济社会快速发展和中等职业学校课程教学改革的需要，贵州省商业学校作为"国家中等职业教育改革发展示范学校建设计划"第二批立项建设学校，按照"市场需求，能力为本，工学结合，服务三产"的要求，针对当前中职教材建设和教学改革需要，在广泛调研、吸纳各地中职教育教研成果的基础上，经过认真讨论，多次修改，我们编写了这套系列教材。

这套系列教材内容涵盖"电子商务"、"酒店服务与管理"、"会计电算化"、"室内艺术设计与制作"4个中央财政重点支持专业及德育实验基地特色项目建设有关内容，包括《基础会计》、《财务会计》、《成本会计》、《会计电算化》、《电子商务实务》、《网络营销实务》、《电子商务网站建设》、《商品管理实务》、《餐厅服务实务》、《客房服务实务》、《前厅服务实务》、《AutoCAD室内设计应用》、《3Ds Max室内设计与应用》、《室内装饰施工工艺与结构》、《室内装饰设计》、《贵州革命故事人物选》、《多彩贵州民族文化》、《青少年犯罪案例汇编》、《学生安全常识与教育》共19本教材。这套教材针对性强，学科特色突出，集中反映了我校国家改革示范学校的建设成果，融实用性与创新性、综合性与灵活性、严谨性与趣味性为一体，便于学生理解、掌握和实践。

编写这套系列教材，是建设国家示范学校的需要，是促进我校办学规范化、现代化和信息化发展的需要，是全面提高教学质量、教育水平、综合管理能力的需要，是学校建设职业教育改革创新示范、提高质量示范和办出特色示范的需要。这套教材紧密结合贵州省经济社会发展状况，弥补了国家教材在展现综合性、实践性与特色教学方面的不足，在中职学校中起到了示范、引领和辐射作用。

前 言

  《电子商务网站管理与维护》是电子商务专业学生需要掌握的知识和技能。这是一门操作性和实用性都很强的课程，如果按照传统教学方法编写这本书，那么理论部分很难理解并且针对性和操作性差，容易使初学者望而却步。让学习变得更加容易、轻松，适合中职院校学生的学习认知水平，并且能够对学生以后的工作学习有所帮助，是本书编写的初衷。本书是贵州省商业学校经管教研室结合本校学生实际综合水平与其他同类教科书的优点，通过任课老师的教学以及实际工作经验总结编写而成，是一本适合广大中职学生接受能力、满足刚入职学生基本需求的教材。

  为了更好地满足教学需求，达到趣味教学、满足工作需要的目的，本书采用基于工作过程导向以任务引领的项目教学法，整本书针对一个现有的网站"e购尚品商城系统"进行实际管理和维护任务操作，设立具体情景，即一个刚毕业的中职学生进入工作岗位遇到的种种实际问题，而这些正是我们这门课所要解决的问题，因此一个个任务凸显出来，针对性和操作性较强，对教师的教和学生的学都有很大的帮助。正确的教学方法可以让学生轻松地完成学习目标，能对以后的工作学习有实际借鉴作用。

  本书涵盖了电子商务网站管理和维护一个完整的工作过程，尽量涉及并解决工作中所遇到的实际问题，对中职学生和刚进入职场的学生具有学习参考价值。

  本书由平文英、侯文亚主编；李崑、潘杰副主编，杨云、邱凯、杨海军参编。

  由于编者水平有限，难免有错误之处，敬请读者批评指正。

编者

目 录

项目一

e 购尚品商城系统准备工作

在建设网站之前，首先需要做一些准备工作，如确定网站建设的工作流程、定位网站的主题、定位网站的 CI 形象、确定网站栏目、确定网站的整体风格、设计网站结构、首页设计、拟定网站访问群体、搜集网站资源、规划网站文件及目录等，以及网站服务器的安装与使用等。

网站的开发设计、管理并不难，只要掌握网站开发工具的用法，了解网站开发的流程和技术，加上自己的想象力，一切都可以实现。

项目导图

建设网站的基本工作流程：

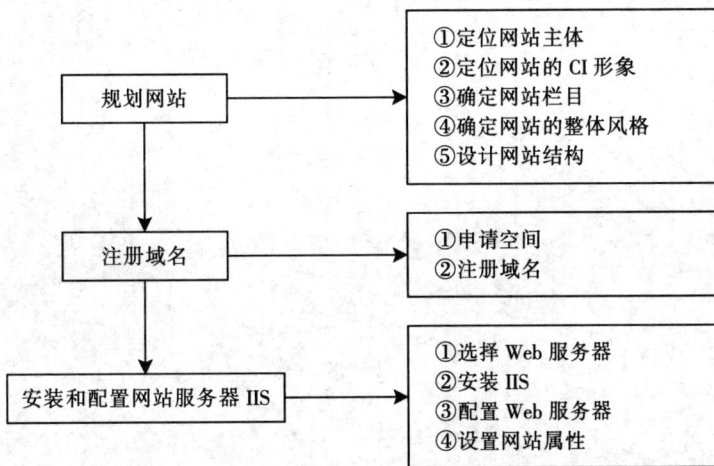

规划网站	→① 定位网站主体 ② 定位网站的 CI 形象 ③ 确定网站栏目 ④ 确定网站的整体风格 ⑤ 设计网站结构
注册域名	→① 申请空间 ② 注册域名
安装和配置网站服务器 IIS	→① 选择 Web 服务器 ② 安装 IIS ③ 配置 Web 服务器 ④ 设置网站属性

学习目标

知识目标

（1）掌握网站建设的工作流程和规划设计方法；

（2）掌握申请空间和注册域名的方法；

（3）掌握网站服务器 IIS 的安装和配置。

技能目标

（1）具备网站规划设计的能力；

（2）具备网站空间申请和域名注册的能力；

（3）具备网站服务器 IIS 的安装和配置能力。

任务1 规划网站

任务目标

通过本次任务实训，使学生了解网站建设的工作流程，学习并掌握规划和设计电子商务网站的方法。

项目任务书

任务名称	规划网站	任务编号		时间要求	分钟
要求	1. 网站建设流程 2. 定位网站主题 3. 定位网站的CI形象 4. 确定网站栏目 5. 确定网站的整体风格 6. 设计网站结构				
重点培养的能力	资料查找能力、团队合作能力、色彩分辨及掌控能力、分类汇总能力、总结概括能力				
涉及知识	色彩搭配、文字变化、图形处理、网页布局				
教学地点	教室、机房	参考资料	e购尚品商城系统		
教学设备	投影设备、投影幕布、电脑、互联网				
训练内容					

训练内容
1. 听教师讲解案例及相关的知识（时间约　　分钟）
2. 制订工作计划，了解团队要做什么，要达到什么样的目的（时间约　　分钟）；组长进行分工安排，每个人在自己的项目任务书相应栏进行记录（时间为　　分钟），组员开始行动
3. 分组确定网站设计规划：搜索（时间约　　分钟）、下载（时间约　　分钟）
4. 提出规划设计方案

训练要求

在完成任务的过程中能自主学习并了解网站建设流程和掌握网站规划设计的有关知识；能够在规定的时间内完成相关的搜索、整理、分析任务；能够在规定的时间内，撰写出分析报告；团队制订了工作方案，工作有成效（能够进行很好的时间管理），团队合作较好

成果要求及评价标准

成果要求：需提交下列书面文件。
1. 本项目组成员的分工情况
2. 本项目组在搜索后确定网站的类型及具体规划设计
3. 对规划设计的每一步提出规划方案结果
评价标准：
1. 对网站主题、CI形象、网站栏目、整体形象、定位基本正确，对不同网站的特点描述基本正确；对所模拟网站的资料收集充分，资料整理有条理；分析报告质量高
2. 对网站主题、CI形象、网站栏目、整体形象、定位有不正确的地方，对不同网站的特点描述不完全正确；分析报告质量较高
3. 对网站主题、CI形象、网站栏目、整体形象、定位不正确，对网站的特点描述不正确；分析报告质量一般
4. 对网站主题、CI形象、网站栏目、整体形象、定位不合理，描述不正确；分析报告质量差
符合上述标准1，成绩为优秀，可得90~100分；符合标准2，成绩为良好，可得70~80分；符合标准3，成绩及格，可得60~70分；符合标准4，成绩为不及格，得分60分以下；介于这几种标准之间的，可酌情增减分

续表

		成　员	学　号	分　工
任务产出一	成员姓名与分工	组　长		
		成员1		
		成员2		
		成员3		
		成员4		
		成员5		
		成员6		
任务产出二	对网站主题、CI形象、网站栏目、整体形象、定位的说明及所提出的改进建议			
项目组评价			总分	
教师评价				

情景导入

小王所在部门今天接到一个新的任务，领导安排他们制作一个电子商务网站，由他负责网站的规划和设计任务。那么，如何对网站进行规划呢？要掌握哪些知识才能完成网站的规划任务呢？首先需要了解都有哪些网站是电子商务网站，小王在网络上搜集了一些网站，如图1-1至图1-5所示。

图1-1　淘宝网页面

图 1-2 京东商城页面

图 1-3 阿里巴巴页面

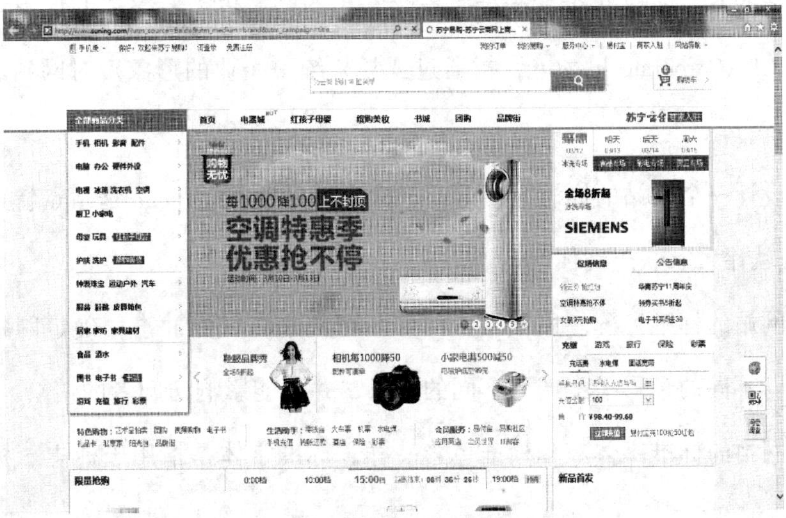

图 1-4 苏宁易购页面

图1-5 国美在线页面

思考：搜集了这么多的电子商务网站，那么小王如何对网站进行规划和构建呢？

知识链接

在建设网站之前，首先需要明确网站的建设目的、访问用户定位、实现的功能、发布时间、成本预算、网站风格等。网站建成后，需要进行维护和推广，掌握好网站建设的规划方法是重要的一步。

（1）确定网站的主题。确定网站的主题名称，尽量使其好听、好记、有意义，还要有新意。因为网站的名称直接关系到浏览者是否容易接受所访问的网站。

（2）确定网站的CI。和实体公司一样，一个杰出的网站也需要整体的形象包装和设计。准确的、有创意的CI（Corporate Identity，指通过视觉来统一企业的形象）对网站的宣传推广有事半功倍的效果。

首先，需要设计一个网站的标志（Logo）。就如同商标一样，Logo是站点特色和内涵的集中体现，看见Logo就让大家联想到你的站点。

其次，设计网站的标准色彩。网站给人的第一印象来自视觉冲击，确定网站的标准色彩是相当重要的一步。不同的色彩搭配产生不同的效果，并可能影响访问者的情绪。

再次，设计网站的标准字体。和标准色彩一样，标准字体是指用于标志、标题、主菜单的特有字体。

最后，设计网站的宣传标语。用一句话甚至一个词高度概括网站的精神、网站的目标。

（3）确定网站栏目。栏目的实质是一个网站的大纲索引，索引应该将网站的主体明确显示出来。在制定栏目的时候，要仔细考虑，合理安排。注意：一定要紧扣主题；设一个最近更新或网站指南栏目；设定一个可以双向交流的栏目。

（4）确定网站的整体风格。任何两个人都不可能设计出完全一样的网站，最主要的原因是他们的风格是不一样的。风格是抽象的，是指站点的整体形象给浏览者的综合感受。这个整体形象包括 CI、版面布局、浏览方式、交互性、文字、语气、内容价值、存在意义、站点荣誉等诸多因素。

如何树立网站风格呢？

第一，确信风格是建立在有价值内容之上的。首先必须保证内容的质量和价值性，这是最基本的。

第二，需要彻底搞清楚希望站点给人的印象是什么。

第三，在明确了网站印象后，开始努力建立和加强这种印象。

（5）设计网站结构，即网页布局。网页的布局大致可分为国字型、拐角型、标题正文型、左右框架型、上下框架型、综合框架型、封面型、Flash 型等。

思考

如何建立一个吸引人眼球的网站？

按照网站建设流程就可以建立一个人见人爱的网站吗？

网站的管理、营销思维是根本，但是鲜明的主题、突出的 CI 形象、分明的网站栏目、独特的整体形象、明确的定位是成功的第一步。

如何拥有鲜明的主题、突出的 CI 形象、分明的网站栏目、独特的整体形象、明确的定位呢？

应用案例

规划网站、规划人生

马云人生因网站而辉煌，阿里巴巴网站因马云而风靡全球。一个好的网站规划造就一个成功的人生。1995 年从一个普通的英语教师到 1999 年创办阿里巴巴；从 2002 年"全年盈利 1 块钱"到目标 2003 年"一天收入 100 万元"的蓝图；再到 2004 年"一天盈利 100 万元"的蓝图；最后 2005 年"一天纳税 100 万元"的惊天之语。马云每走一步都坚如磐石，步步为营，招招大获全胜。

马云的成功最关键的一步是定位。比尔·盖茨将事业的目标定位在"微"小的"软"件，在那个年代，足见其智谋。在互联网如日中天的现代社会，马云敏锐地嗅到了商机，将自己的人生与电子商务网站的发展紧密相连，从而缔造了财富的神话。

马云成功了，但机遇对每个人都是平等的，我们每天都有马云曾经拥有的机会，但我们抓住了吗？有准备的头脑才能牢牢抓住每一个机遇。"莺花犹怕春光老，岂可教人枉度春。"珍惜每一寸光阴努力学习吧，时刻用知识武装头脑吧，终究有一天，我们都会与马云一样，豪情万丈，行走在成功的大道上。

资料来源：http://wenku.baidu.com/link?url=wu8IdN0N6EiC8bmBmd1V1EPUWJmgeb4rR8VSSCrvbL_kAcinnTzdc–2jKICEfIUkAv4h5BFT2BL7CypsoFOj6DSSR9eWgFWXcreBUHbOgDm.

名人名言

成功者一遇到问题就马上动手去解决，他们不花费时间去发愁，因为发愁不能解决任何问题，只会不断增加忧虑、浪费时间。

——比尔·盖茨

任务示范

e购尚品网站规划分析

一、背景

服装业是我国重要的传统产业，在我国国民经济和世界贸易中起到了举足轻重的作用。随着网上购物越来越普遍和流行，B2B模式、C2C模式在我国迅速发展，如阿里巴巴、淘宝、拍拍及百度有啊的推出，使电子商务越来越被大众所接受，因此电子商务也越来越受到企业和人们的关注，电子商务网站在我国也得到了快速发展。建设企业网站，利用互联网的便利和快捷，使企业在信息资源的掌控中获得主动，对传统服装企业而言显得格外重要，下面就以e购尚品电子商务网站进行规划分析。

二、网站介绍

e购尚品是一家专卖服装的B2C商城，致力于创造简单、有趣、值得信赖的服装购物体验。e购尚品定位于已有一定规模的大型服装商城，以经营服装为主，同时还销售饰品和箱包等。网站每天在网站推荐十几款热门服装，并以吸引人的折扣低价限量出售；同时承诺"百分百正品"以及"拆封30天无条件退货"。

三、网站规划

（1）网站主题。网站的主题名称为e购尚品，是一家专卖服装的B2C商城，致力于创造简单、有趣、值得信赖的服装购物体验。

（2）网站总体色彩的采用。e购尚品主页的主色系是红色，迎合了主要消费人群是女性的特点，吸引了消费者的目光。

（3）网站焦点设置。除了颜色吸引人外，e购尚品的主页上另一吸引眼球的元素就是美丽的平面模特，由于是专攻服装的网站，当然要以美丽为主打。亮眼的、标致的身材也是吸引眼球的重要元素。

（4）页面布局分块：明确清晰，色彩明亮大气。

e购尚品的主页总的来说分为了如下几大板块：产品推荐、热门分类、新品上市、女装、男装和童装等。整个版面的色彩和排版毫不杂乱，令人感觉舒适。

e购尚品主页在醒目处设有每日推荐，能快速地抓住登录网站的消费者的眼球，将他们的目光吸引到更多的产品上。

网站设计注重用户感受，信息量大，各种信息一目了然。为了让用户更好地了解产品和自己的需要，网站设立了精彩专题、积分兑奖、团购商品、限时秒杀。在这些服务中，用户可以根据自己的购物习惯，找到适合自己的产品。

四、网站设计

（1）产品推荐设计。左边 3/4 的版面放置 Banner 广告，以轮流播放的形式播放推荐商品的广告，右侧 1/4 的版面设计为最新动态、商品秒杀广告及全场特惠广告。效果如图 1-6 所示。

图 1-6　产品推荐设计

（2）热门分类设计。各种分类都特别详细，包括女装（时尚 T 恤、短袖衬衫、连衣裙、针织衫等），男装（外套、牛仔裤、POLO 衫/T 恤、针织衫等），童装（男孩、女孩、2 岁以下、2~6 岁、6 岁以上等），鞋（女鞋、男鞋、童鞋、情侣鞋、凉鞋）等，一目了然，找起来十分方便。用户只需要"对症下药"，寻找适合自己的产品，如图 1-7 所示。

图1-7 热门分类设计

（3）新品上市设计。以小幅广告的形式展示最新上架的商品，商品图片会附带价格的大字显示，与商品统一颜色，使得这个价格更给人一种信任感。如图1-8所示。

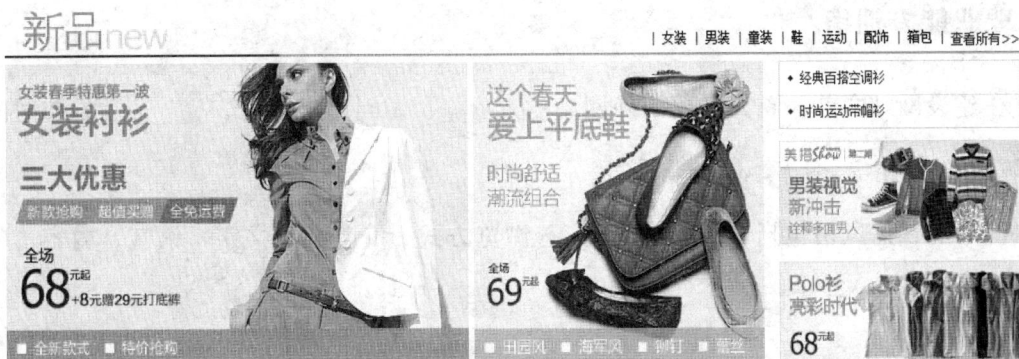

图1-8 新品上市设计

五、商品展示设计

e购尚品的商品展示界面简洁明了，可以让顾客以最快的速度捕捉到商品的信息。

黑体加粗大字不仅概括了商品的属性，还标明了商品的针对性。在服装界的高频关键词的利用使得顾客在第一眼就可以了解商品的功能。价格标签特意在白色的网站色调上用红色凸显出来，更昭示了网站的低价策略，如图1-9所示。

图1-9　商品展示设计

👍 职业能力训练

1. 在建设网站之前，首先需要明确网站的_____、访问用户定位、_____、发布时间、成本预算、网站风格等。

2. 网站的整体风格包括_____、_____、浏览方式、交互性、文字、语气、内容价值、存在意义、站点荣誉等诸多因素。

👍 情景模拟训练

请上网搜索乐蜂网，并根据本任务内容分析网站主题、CI形象、网站栏目、整体形象、定位，提出具体网站规划方案。

👍 思维拓展训练

1. 贬"味"扬"鸡"

一顾客打算去买味精，走进一家超市，被一促销小姐堵住去路："先生是不是要买味精？千万别买啊！要买就买鸡精吧。"顾客不解："为何？"小姐做关切状："调味精比鸡精用量少一半，最重要的是味精吃多了会影响听力。"此顾客对此闻所未闻，反问："你有事实根据吗?"小姐顿时语塞,怏怏离去。

你认为售货员这样做对吗?

这位顾客属于哪种购买类型?

假如你是售货员,你如何接待这种类型的顾客?

2."一个"还是"两个"

有两家卖粥的小店,左边的这家和右边的那家每天的客流量相差不多。然而晚上结算时,左边的这家总是比右边的那家多出来百十元。

于是,我走进了右边那家小店。服务小姐微笑着把我迎进去,给我盛好一碗粥。问:"加不加鸡蛋?"我说加。于是她给我加了一个鸡蛋。

每进来一个顾客,服务员都要问一句:"加不加鸡蛋?"也有说加的,也有说不加的,大概各占一半。

我又走进左边那个小店。服务小姐同样微笑着把我迎进去,给我盛好一碗粥。问我:"加一个鸡蛋,还是加两个鸡蛋?"我笑了,说:"加一个。"

再进来一个顾客,服务员又问一句:"加一个鸡蛋,还是加两个鸡蛋?"爱吃鸡蛋的就要求加两个,不爱吃的就要求加一个。也有要求不加的,但是很少。一天下来,左边这个小店比右边那个小店多卖出了很多鸡蛋。

任务 2　注册域名

任务目标

在任务 1 中，已经进行了网站的规划，对网站的定位、CI 形象、栏目与结构以及整体风格已一一确定，那么下一步该做什么准备工作呢？

要建立一个网站，接下来需要为这个网站申请一个空间，并注册一个域名，这样搭建好的网站就可以通过网络访问了，现在就来学习如何申请空间和注册域名。

项目任务书

任务名称	注册域名	任务编号		时间要求	分钟
要求	1. 了解申请免费空间的过程 2. 学习并掌握申请免费空间的方法 3. 了解如何注册域名 4. 学习并掌握注册域名的方法				
重点培养的能力	网站空间的申请能力、域名的注册能力				
涉及知识	互联网中免费空间的申请，注册域名				
教学地点	教室、机房	参考资料	e购尚品商城系统		
教学设备	投影设备、投影幕布、电脑、互联网				

训练内容

1. 听教师讲解案例及相关的知识（时间约　　分钟）
2. 制订计划，了解团队要做什么，要达到什么样的目的（时间约　　分钟）；组长进行分工安排，每个人在自己的项目任务书相应栏进行记录（时间为　　分钟），组员开始行动
3. 分组完成空间申请与域名注册：空间申请（时间约　　分钟），域名注册（时间约　　分钟）
4. 组内成员沟通分享（时间约　　分钟）

训练要求

在学完本课程后，应能独立完成网站空间的申请工作，能够独立完成网站域名的注册工作，能够在规定的时间内完成相关的任务；能够在规定的时间与组内成员分享自己的方法和心得；团队制订工作方案，工作有成效（能够进行很好的时间管理），具有团队合作精神

成果要求及评价标准

成果要求：需提交下列书面文件。
  1. 项目组成员的分工情况
  2. 项目组在国内网站上申请的免费空间
  3. 项目组在域名注册网站上注册的域名
评价标准：
  1. 正确认识网站空间的作用，了解域名的相关理论知识及注册方法，对免费空间申请的方法非常熟练，对域名的注册方法非常熟练，高效准确地完成项目任务
  2. 了解域名的相关理论知识及注册方法，熟悉空间申请和注册域名的方法，能够独立完成空间申请和域名的注册工作，按时完成项目任务

续表

3. 对空间申请和注册域名的方法基本熟悉，勉强完成项目任务

4. 对空间申请和注册域名的方法不熟悉，不能正确认识空间申请和注册域名的作用以及遇到问题无法解决，不能按时完成项目任务

符合上述标准 1，成绩为优秀，可得 90~100 分；符合标准 2，成绩为良好，可得 70~80 分；符合标准 3，成绩及格，可得 60~70 分；符合标准 4，成绩为不及格，得分 60 分以下；介于这几种标准之间的，可酌情增减分

		成 员	学 号	分 工
任务产出一	成员姓名与分工	组 长		
		成员1		
		成员2		
		成员3		
		成员4		
		成员5		
		成员6		
任务产出二	在注册域名过程中掌握了哪些知识，谈谈心得			
项目组评价			总分	
教师评价				

情景导入

小王中等职业学校毕业后，进入了一家电子商务公司，从事网站建设和维护工作。经过三个月的实习培训，上级领导安排了工作任务，让小王参与公司的一个项目，为一家公司建立电子商务网站。小王开始进行准备工作，为这家公司申请空间和域名注册。小王上网搜集发现：申请空间和域名注册有免费和收费的（在此只列举免费的，以方便同学们参考学习），而且有很多申请空间的网站和多种类别的域名，如图 2-1 至图 2-7 所示。

图 2-1　免费空间（1）

图 2-2　免费空间（2）

图 2-3　免费空间（3）

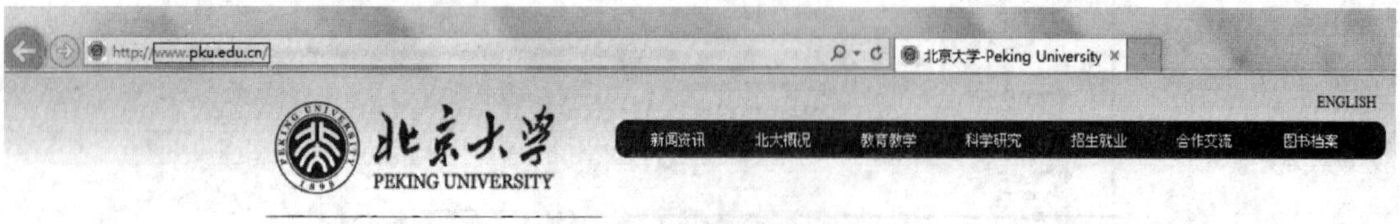

图 2-4　域名 edu 的网站

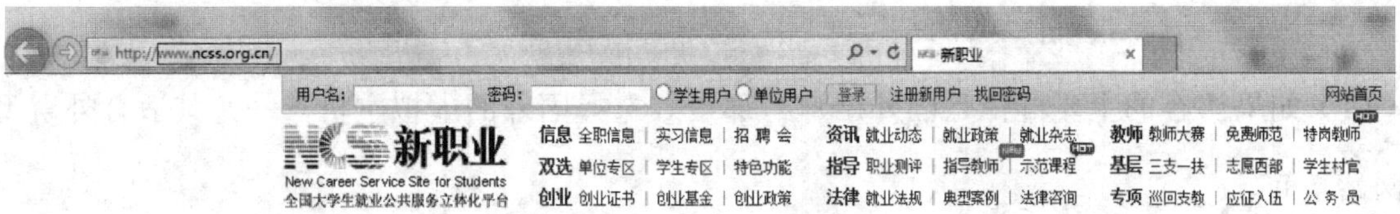

图 2-5 域名 org 的网站

图 2-6 域名 net 的网站

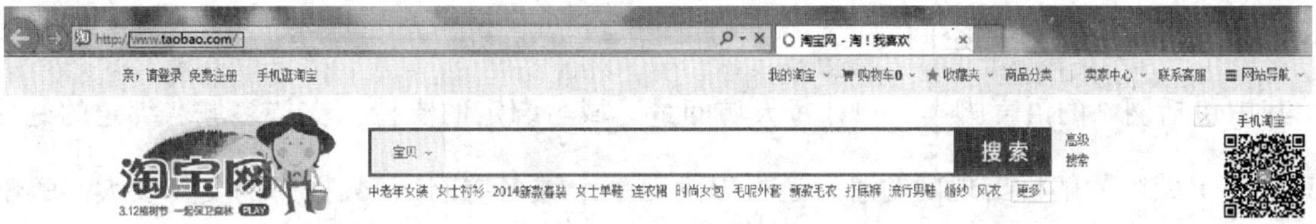

图 2-7 域名 com 的网站

思考： 小王应该在哪个网站申请空间呢？应该申请哪个种类的域名呢？怎样申请域名呢？

知识链接

一、网站空间

网站空间英文名：Web Site Host。简单地讲，就是存放网站内容的空间。网站空间指能存放网站文件和资料，包括文字、文档、数据库、网站的页面、图片等文件的容量。俗称的"网站空间"就是专业名词"虚拟主机"的意思。可以把网站比作一个完备的家庭，门牌号码是方便别人找到你家的，网站也需要一个"门牌号码"，就叫作"域名"，俗称网址。你的家，需要有一个空间放置家具。网站也一样，需要有一个"虚拟主机"（俗称空间）用来放置网站的内容、图片、声音和影像等。有了"门牌"和"空间"，网站也就做好了，把家具（网站内容）放进去，再告诉你的好友、联系人你网站的"门牌"（域名），别人就能来访问你的网站了！

（一）如何选择适合自己的网站空间

（1）如果访客的主要群体是国外用户，那最好选择国外的虚拟主机——尤其适合外贸型企业网站空间。

（2）如果访客的主要群体是亚太地区或海外华侨，那最好选择我国香港虚拟主机。

（3）访客的主要群体是国内用户，那最好选择国内的虚拟主机。如果你的网站是中英文语言版本或其他语言版本的，为了方便海外客户的浏览，最好将中英文（或其他语言）的网站分开，英文版本或其他语言版本的网站选择存放在国外或中国香港的虚拟空间，中文网站则存放在国内的虚拟空间。

（二）选择合适大小的空间

其中包括网站的语言脚本、预计每天访问量、域名绑定的支持（支持多域名绑定的好处是当其中一个域名的解析出现问题时，还可以用另一个域名访问）、数据库的支持及大小等配置功能，并了解服务商的空间限制、数据安全情况。如果企业对空间容量及功能性选择等方面不是很清楚，可以通过与服务商的专业客服人员沟通，让其为你作指导性选择，这也是考验服务商是否诚信的一项标准。信誉良好的服务商，其客服人员专业的导购会为企业节省网站开发与维护成本。

二、网站域名

网站运行在互联网上，是通过 Web 服务器的 IP 地址进行访问，但是人们记住一串数字组成的 IP 地址非常困难，于是就给网站申请一个容易记住的域名，让人们通过域名访问。如"百度"，大家都用"http：//www.baidu.com"来访问，却并不知道其服务器的 IP 地址，因此，给网站注册域名时，必须申请一个相关的容易记住的域名，这一点非常重要。

英文域名中的标号都由英文字母和数字组成，每一个标号不超过 63 个字符，也不区分大小写字母。标号中除连字符（-）外不能使用其他的标点符号。级别最低的域名写在最左边，而级别最高的域名写在最右边。由多个标号组成的完整域名总共不超过 255 个字符。如"百度"网址由两部分组成，标号"baidu"是这个域名的主体，而最后的标号".com"则是该域名的后缀，是顶级域名，而前面的"www."是网络名。

中文域名泛指含有中文字符的域名，如"新华网.cn"等。从一定程度上缓解了域名资源的需求与供给方面的紧张情况，另外，中文域名也在一定程度上解决了原来英文域名中不同商标权人的商标汉字不同，读音却相同所导致用英文或拼音注册时的冲突问题。

不管是英文还是中文域名，都是全球通用，具有唯一性。

名人名言

不要贪多，做精做透很重要，碰到一个强大的对手或者榜样的时候，你应该做的不是去挑战它，而是去弥补它。

——马云

任务示范

申请空间和注册域名

本次任务示范为大家展示申请空间和注册域名的详细方法，大家可以按照任务示范的步骤自己动手学习申请空间和注册域名。

一、申请国内免费空间示例

（1）打开网站 http：//www.3v.cm，注册一个用户名，并正确填写网站信息，如图 2-8 所示。

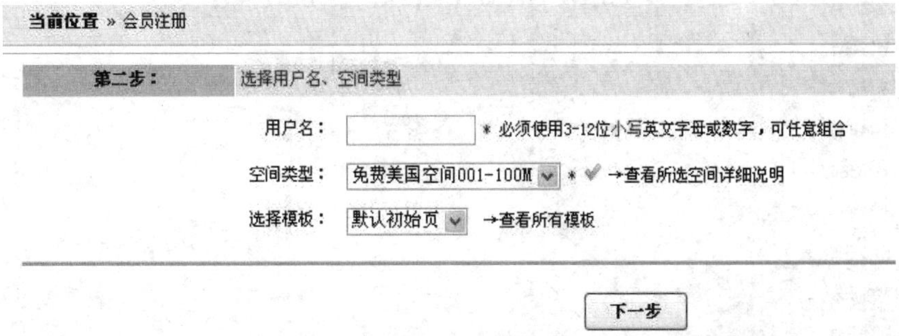

图 2-8　会员注册

（2）完成注册后，网站提示主页的地址为 http：//egoushangpin.3vzhuji.com（本例使用"e购尚品"作为网站名），图 2-9 为申请成功后跳转到的页面。

图 2-9 成功页面

（3）FTP 地址、账号和密码说明如图 2-10 所示。点击图中"点此查看 FTP 上传方法"，上传网站文件。

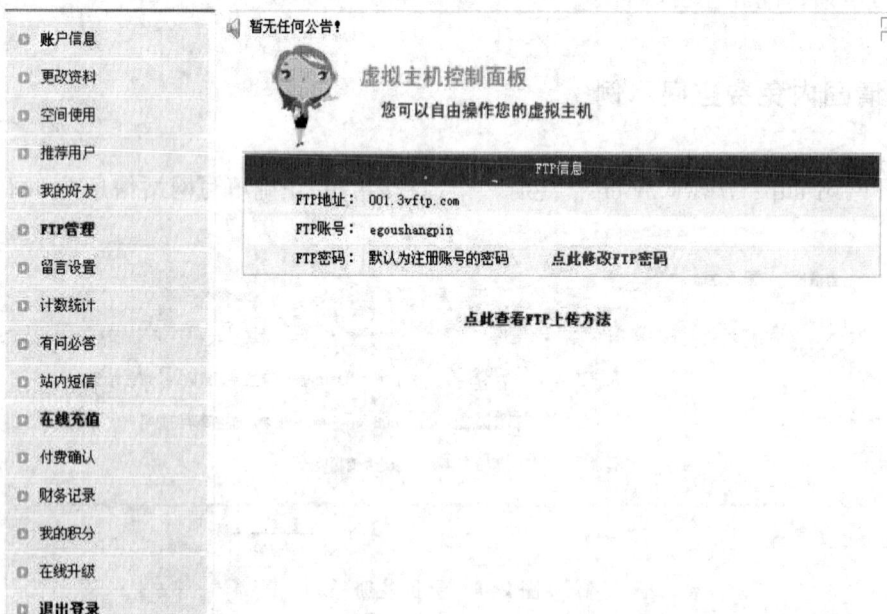

图 2-10 FTP 管理

（4）在 IE 浏览器中输入空间地址 http://egoushangpin.3vzhuji.com，检测站点能否正常访问。

二、申请域名的步骤

（1）准备申请资料。申请".com"域名无须提供身份证、营业执照等资料，2012 年 6 月 3 日".cn"域名已开放个人申请注册，但申请时需要提供身份证或企业营业执照。

（2）寻找域名注册网站。推荐中国万网、新网、35 互联、西部数码、萤火虫等。

（3）查询域名。在注册商网站注册用户名成功后并查询域名，选择你要注册的域名，并点击"域名注册"查询。

（4）正式申请。查到想要注册的域名，并且确认域名为可申请的状态后，提交注册，并缴纳年费。

（5）申请成功。正式申请成功后，即可开始进入 DNS 解析管理、设置解析记录等操作。

申请域名非常简单，打开相关的注册网络，如中国万网（见图 2-11），按提示要求操作就可以了。

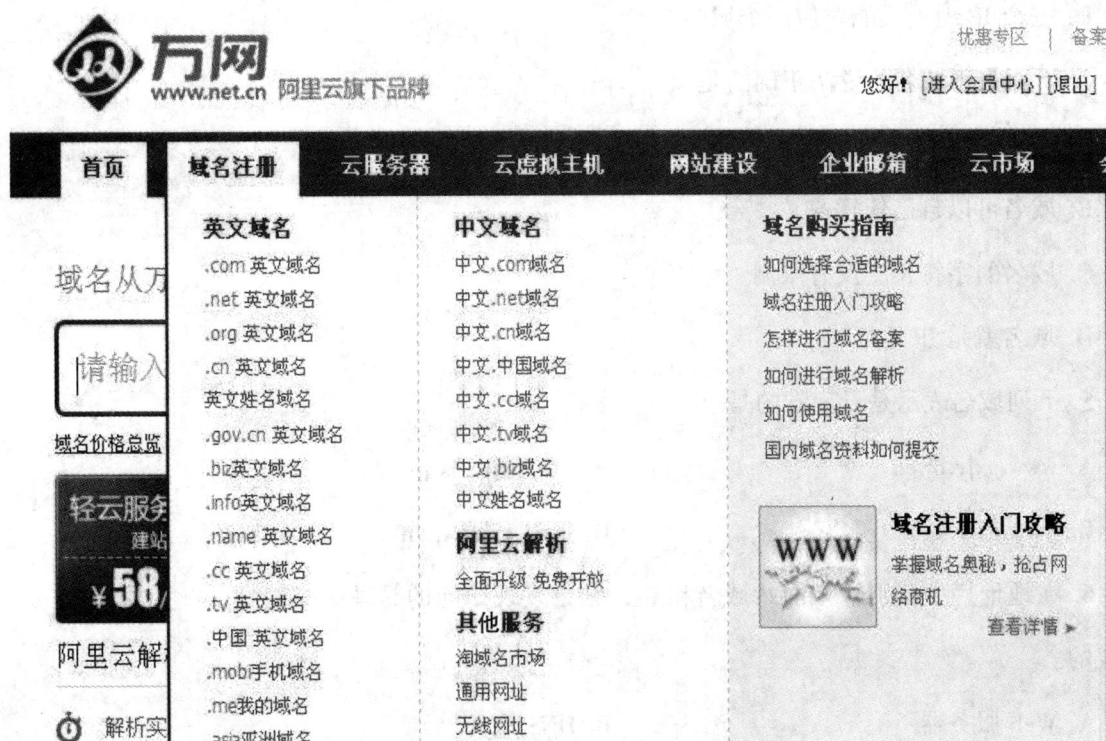

图 2-11 中国万网域名注册

职业能力训练

1. 如果网址为 http：//www.ynjy.edu.cn，则可知这个是（　）网站。

A. 商业部门 　　　　　　　　　　B. 教育机构

C. 政府部门 　　　　　　　　　　D. 科研机构

2. 顶级域名可分为"行业域"和地区域，如中国用（　）表示。

A. .cn 　　　　　　　　　　　　　B. .china

C. .ch 　　　　　　　　　　　　　D. .cha

3. 以下叙述正确的是（　）。

A. 主机的 IP 地址和主机的域名可通过 DNS 系统转换

B. 主机的 IP 地址和主机域名完全是一回事

C. 一个域名对应多个 IP 地址

D. 一个 IP 地址只能对应一个域名

4. 下面关于域名的说法正确的是（　）。

A. 域名必须转换成 IP 地址才能实现对网站的访问

B. 域名可以自己任意取

C. 域名的字符长度没有限制

D. 域名就是 IP 地址

5. 下列域名表示是云南省的是（　）。

A. www.gxjy.bj.cn 　　　　　　　B. www.gxjy.as.jp

C. www.gxjy.kg.cn 　　　　　　　D. www.gxjy.yn.cn

6. 在地址栏中分别输入网站域名和IP，结果发现访问的是同一个网站，此工作是由（　）完成的。

A. Web 服务器 　　　　　　　　　B. DNS 服务器

C. FTP 服务器 　　　　　　　　　D. 代理服务器

7. 下面关于域名的说法正确的是 （　　）。

A. 域名专指一个服务器的名字　　　　B. 域名就是网址

C. 域名可以自己任意取　　　　　　　D. 域名系统按地理域或机构域分层采用层次结构

8. 云南教育网的网址为 http://www.ynjy.cn，该网站的顶级域名及其表示的含义是 （　　）。

A. www.万维网　　　　　　　　　　　B. .cn 中国

C. ynjy 教育　　　　　　　　　　　　D. http 超文本传输协议

9. 负责 IP 地址与域名之间转换的是 （　　）。

A. 服务器系统　　　　　　　　　　　B. FTP 系统

C. 操作系统　　　　　　　　　　　　D. DNS 域名系统

👍 观念应用训练

　　小王接受了领导安排的网站建设任务，但是他需要学习很多知识，他总结了网站建设专员应该具备以下素质：

（1）有网站建设及网站编辑工作经验，能整体规划、组织和设计网站；

（2）对色彩有敏锐的观察力及分析能力，能把握网站的整体风格；

（3）熟悉 Photoshop、美图秀秀等图片处理工具，能完成简单图片的设计和处理工作；

（4）工作态度端正、认真负责、有责任心，能根据要求准时完成客户网站的建设、维护、管理；

（5）具备电子商务类相关专业和有网站相关行业美术经验。

　　小王还不熟悉公司的成员，如何进行沟通呢？

　　所谓沟通技巧，是指管理者具有收集和发送信息的能力，能通过书写、口头与肢体语言的媒介，有效、明确地向他人表达自己的想法、感受与态度，亦能较快、正确地解读他人的信息，从而了解他人的想法、感受与态度。

　　沟通的目的是让对方理解你所传达的信息和情感，即沟通的品质取决于对方的回应。

　　沟通应通过认同、赞美、询问需求的方式实现，并以对方感兴趣的方式表达，如幽默、热情、亲和、友善。

有一个寓言故事：一把坚实的大锁挂在大门上，一根铁杆费了九牛二虎之力，还是无法将它撬开。钥匙走来了，它用瘦小的身子钻进锁孔，只轻轻一转，大锁就"啪"的一声打开了。铁杆奇怪地问："为什么我费了那么大力气也打不开，你却轻而易举地把它打开了呢？"钥匙说："因为我最了解它的心。"所以，不要对牛弹琴，而要对牛讲"牛语"，沟通要从对方的角度出发。

👍 情景模拟训练

根据本任务内容为自己的个人网站申请一个免费空间和域名。

👍 思维拓展训练

玲玲和芳芳经常在一起玩儿，有人问她们："你们俩经常在一起玩儿，这次期末考试谁的成绩好呀？"玲玲说："我的成绩比较好一点。"芳芳说："我的成绩比较好一些。"她们两个人之中至少有一个人没有说实话，到底谁的考试成绩好呢？

任务3 安装和配置网站服务器 IIS

任务目标

在任务2中，已经学习了如何申请网站空间和域名注册，接下来我们将学习电子商务网站服务器的搭建，主要的学习内容是在 Windows 运行平台下安装和配置 IIS 的 Web 服务器。

项目任务书

任务名称	安装和配置网站服务器 IIS	任务编号		时间要求	分钟
要求	1. 了解 Web 服务器的类型 2. 掌握 IIS 中 Web 服务器的安装和配置方法 3. 掌握利用默认网站来测试 IIS				
重点培养的能力	软件的安装与调试能力、网站应用平台的搭建				
涉及知识	网站服务器的应用环境、Web 服务器的类型、IIS				
教学地点	教室、机房	参考资料	e购尚品商城系统		
教学设备	投影设备、投影幕布、电脑、互联网				
训练内容					

1. 听教师讲解案例及相关的知识（时间约　　分钟）
2. 制订工作计划，了解团队要做什么，要达到什么样的目的（时间约　　分钟）；组长进行分工安排，每个人在自己的项目任务书相应栏进行记录（时间为　　分钟），组员开始行动
3. 分组完成网站服务器 IIS 的安装、配置以及测试：安装（时间约　　分钟）、配置（时间约　　分钟）、测试（时间约　　分钟）
4. 组内成员沟通分享（时间约　　分钟）

训练要求

在学完本课程后，应能完成网站服务器 IIS 的安装与配置工作，掌握相关技术知识点，能够在规定的时间内完成相关的训练内容；能够在规定的时间内，撰写出分析报告；团队制订工作方案，工作有成效（能够进行很好的时间管理），具有团队合作精神

成果要求及评价标准

成果要求：需提交下列书面文件。
　　1. 本项目组成员的分工情况
　　2. 本项目组网站服务器的安装与配置情况
评价标准：
　　1. 对网站服务器的安装与配置方法非常熟练，能够高效地完成项目任务
　　2. 对网站服务器的安装与配置方法熟悉，能够按时完成项目任务
　　3. 对网站服务器的安装与配置方法基本熟悉，勉强完成项目任务
　　4. 对网站服务器的安装与配置方法不熟悉，不能按时完成项目任务
符合上述标准1，成绩为优秀，可得 90~100 分；符合标准2，成绩为良好，可得 70~80 分；符合标准3，成绩及格，可得 60~70 分；符合标准4，成绩为不及格，得分 60 分以下；介于这几种标准之间的，可酌情增减分

续表

任务产出一	成员姓名与分工	成　员	学　号	分　工
		组　长		
		成员 1		
		成员 2		
		成员 3		
		成员 4		
		成员 5		
		成员 6		
任务产出二	在进行网站服务器 IIS 安装与配置的过程中掌握了哪些知识，谈谈心得			
项目组评价			总分	
教师评价				

情景导入

　　小王要创建网站，可是前期的准备工作还是没有完成，还需要准备些什么呢？小王经过上网学习，了解到需要进行网站服务器的安装和配置工作。

　　网站服务器是指在互联网数据中心中存放网站的服务器，主要用于网站在互联网中的发布、应用等服务的专用计算机，是网络应用的基础硬件设施。网站服务器可根据网站应用的需要，部署搭建 ASP/JSP/.NET/PHP 等应用环境，现主要流行两种环境：一种是 LINUX+PHP/JSP+APACHE/TOMCAT+MYSQL 环境，另一种是 WINDOWS+IIS+ASP/.NET+MSSQL 环境。最常用的 Web 服务器软件是 Apache 和 Microsoft 的 Internet 信息服务器（Internet Information Services，IIS）。根据实际情况，小王选用第二种，需要在 Windows 下安装 IIS。

　　思考：搜集了这些资料后，小王如何进行网站服务器的安装和配置工作呢？

知识链接

一、IIS

　　互联网信息服务（IIS）是一种 Web（网页）服务组件，包括 Web 服务器、FTP 服务器、NNTP 服务器和 SMTP 服务器，分别用于网页浏览、文件传输、新闻服务和邮件发送等方面，它使得在网络（包括互联网和局域网）上发布信息成了一件很容易的事。

二、Web 服务器

Web 服务器是可以向发出请求的浏览器提供文档的程序。

（1）服务器是一种被动程序。只有当 Internet 上运行在其他计算机中的浏览器发出请求时，服务器才会响应。

（2）最常用的 Web 服务器是 Apache 和 Microsoft 的 Internet 信息服务器（IIS）。

（3）Web 服务器是指驻留于互联网上某种类型计算机的程序。当 Web 浏览器（客户端）连到服务器上并请求文件时，服务器将处理该请求并将文件反馈到该浏览器上，附带的信息会告诉浏览器如何查看该文件（即文件类型）。服务器使用 HTTP（超文本传输协议）与客户机浏览器进行信息交流，这就是人们常把它们称为 HTTP 服务器的原因。

Web 服务器不仅能够存储信息，还能在用户通过 Web 浏览器提供的信息的基础上运行脚本和程序。

三、程序

程序即建设与修改网站所使用的编程语言，换成源码就是一些按一定格式书写的文字和符号，浏览器会帮我们翻译成眼前的模样。动态程序及相应数据库如程序 ASP、JSP、PHP、.NET 和数据库 SQL、ACCESS、ORACLE、MySQL 等，为满足需要，行业性和门户网站可选用 SQL 数据库。

网站开发软件介绍：

（1）webstorm，被前端开发者视为 JS 开发神器，可编辑和调试 HTML、CSS、JS 等，也可以作为可视化工具，监控网站系统的运行情况，受到网站开发工作者的青睐。

（2）dreamweaver，用于编辑 HTML、ASP、JSP、PHP、javascript 时的辅助工具，特别适合初学者。

（3）Frontpage 与 dreamweaver 一样。还有微软出的 Visual Studio 及 Expression Studio Web 等。

名人名言

判断一个人、一个公司是不是优秀，不要看他是不是哈佛，是不是斯坦福；不要判断公司里面有多少名牌大学毕业生，而要看这帮人是不是发疯一样干活，看他每天是不是笑眯眯回家。

——马云

任务示范

安装和配置网站服务器 IIS

不同的 Windows 操作系统，安装的 IIS 版本是不一样的，虽然可以部分兼容，但是推荐使用对应版本的 IIS。本书出版时，微软已经发布了 Win8.1 系统，鉴于大部分学校实验室的计算机还是 XP 以及个人计算机 Win7 的普及，我们将会介绍 XP 下和 Win7 下 IIS 的安装，XP 下我们安装 IIS5.1 版本（IIS5.1 版本适用于 Windows XP_SP1、XP_SP2、XP_SP3），Win7 将使用 IIS7（Win8 也向下兼容该版本和 IIS6）。

一、XP 下的 IIS 安装

（1）点击【开始】→【控制面板】，或者点击【开始】→【运行】→输入"control.exe"→【确定】，如图 3-1 所示，找到"添加/删除程序"选项。

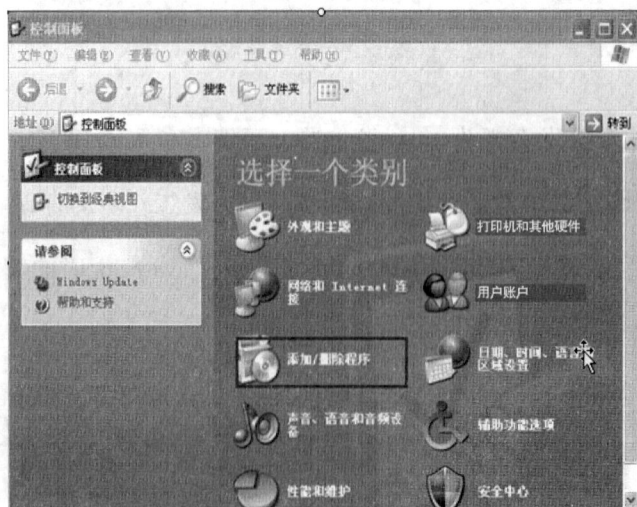

图 3-1　添加删除程序

（2）在"添加/删除程序"选项中，点击【添加/删除 Windows 组件（A）】，在弹出的"Windows 组件向导"对话框中，勾选"Internet 信息服务（IIS）"，如图 3-2 所示；然后点击【详细信息】，勾选"FrontPage 2000 服务器扩展"选项，如图 3-3 所示；点击【确定】后，再点击【下一步】。

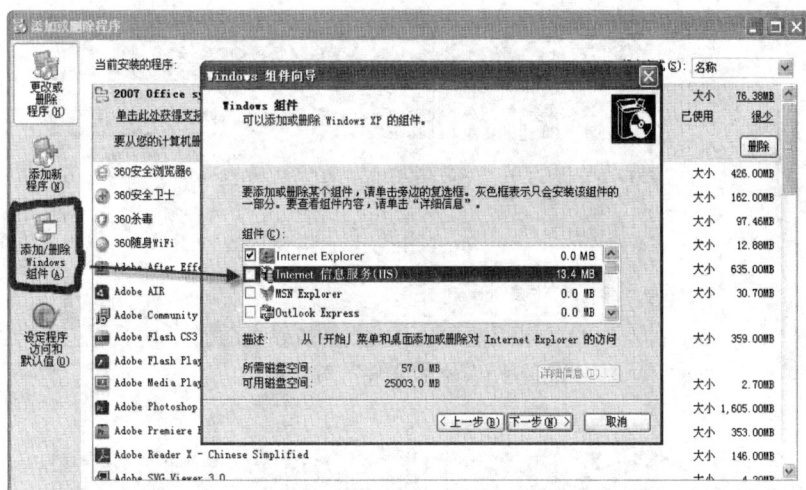

图 3-2 Windows 组件向导

图 3-3 Internet 信息服务（IIS）

注意：在点击【下一步】后，在复制文件时如果出现找.DLL 类型的文件，如图 3-4 所示，则需要在安装前先下载 IIS5.1 完整安装包，将放 I386 文件夹的路径复制到路径栏中即可解决，如图 3-5 所示。

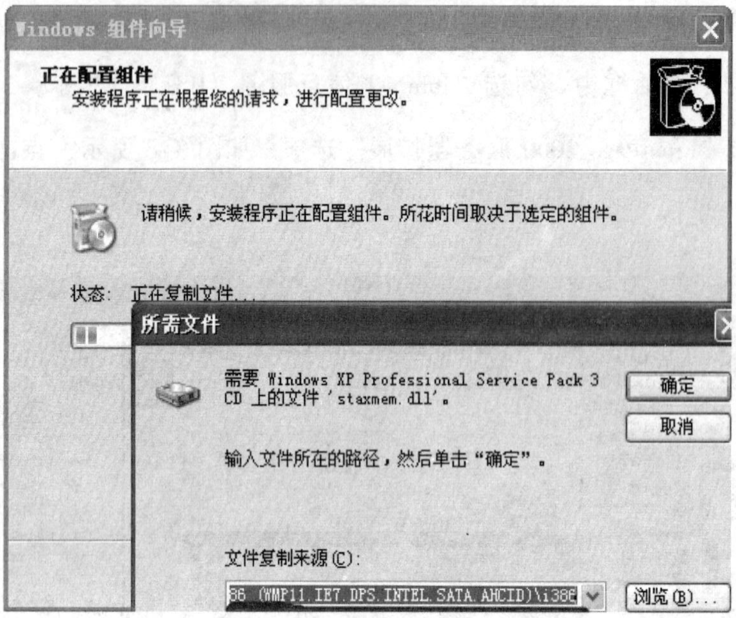

图 3-4 "所需文件"对话框

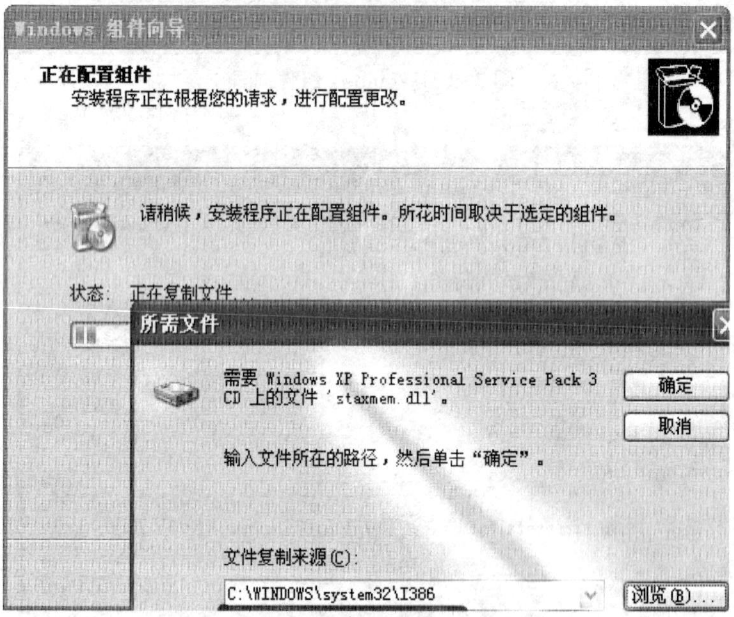

图 3-5 "所需文件"对话框

（3）等待系统完成安装，整个过程 1~2 分钟。

（4）系统安装完成，如图 3-6 所示，点击【完成】即可。

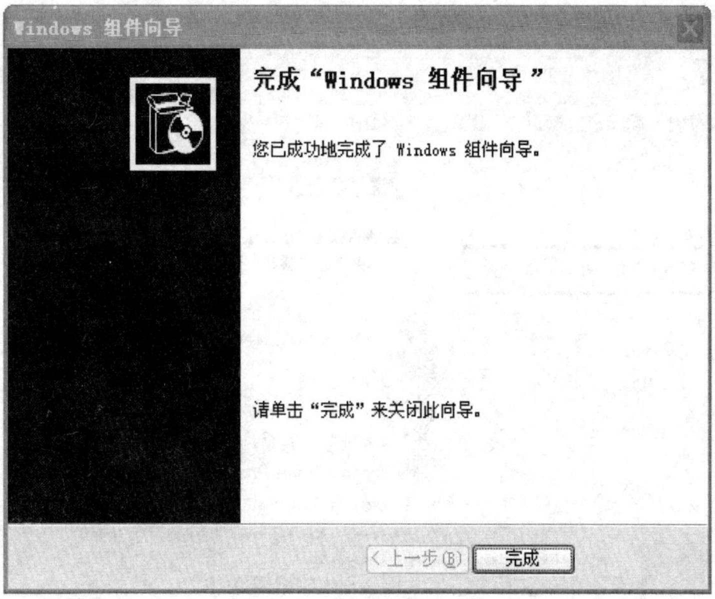

图 3-6　完成组件向导

二、Win7 下的 IIS 安装

（1）点击【开始】→【控制面板】，或者按下【Win+R】（注：Win 键即电脑上带有窗口图标的按键）输入"control.exe"→【确定】，如图 3-7 所示，找到"程序和功能"选项。

图 3-7　程序和功能

（2）点击【程序和功能】，在弹出对话框中点击左侧的【打开或关闭 Windows 功能】，找到"Internet 信息服务"选项，如图 3-8 和图 3-9 所示。

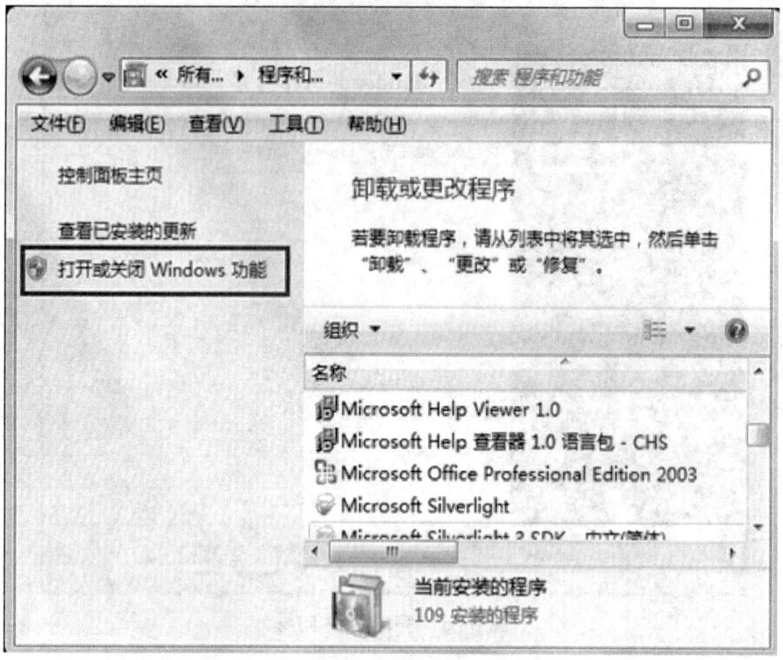

图 3-8　打开或关闭 Windows 功能

图 3-9　Internet 信息服务

（3）简单起见，勾选"Web 管理工具"和"万维网服务"下的所有选项（注意，有些选项需要展开后勾选），如图 3-10 所示，然后点击【确定】按钮，等待数分钟即可完成安装。

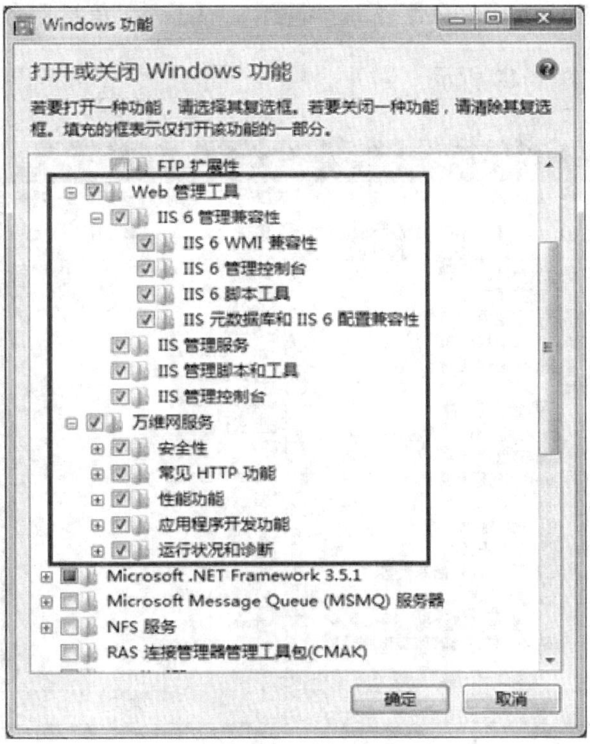

图 3-10 勾选选项

三、IIS 的配置

（1）右击【我的电脑】→【管理】，在弹出的"计算机管理"对话框中，点击展开【服务和应用程序】，找到"Internet 信息服务"，如图 3-11 所示。

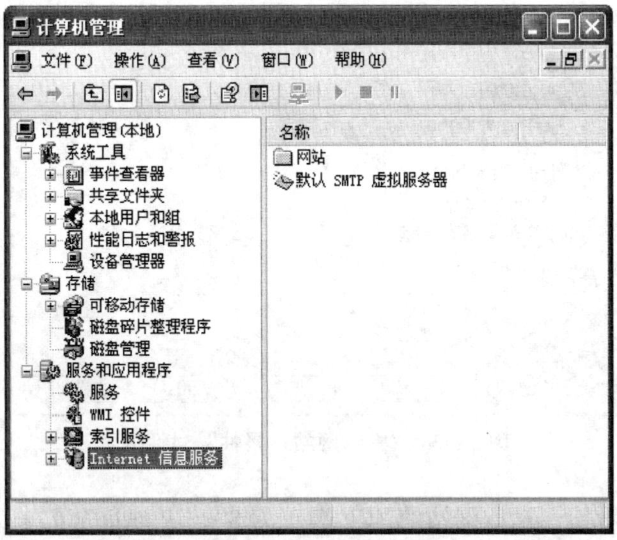

图 3-11 Internet 信息服务

（2）依次单击展开"Internet 信息服务"、"网站"，Internet 信息服务组件安装完成后自动建立一个"默认网站"，如图 3-12 所示。

图 3-12　默认网站

（3）右击"默认网站"，在弹出的快捷菜单中单击【属性】命令，如图 3-13 所示。

图 3-13　"默认网站　属性"对话框

从该对话框中可以看出，默认网站的 TCP 端口为 80，IP 地址全部未分配，可以在这里输入服务器的 IP 地址，如 192.168.0.20。

选择"主目录"选项卡，如图 3-14 所示，从该选项卡中可以看出，"本地路径"文本框中为"c：\inetpub\wwwroot"，意思是本网站的根目录为本计算机 C 盘的"inetpub\wwwroot"目录，这个目录可以单击【浏览】按钮选择其他目录为该网站的根目录。

图 3-14 "主目录"对话框

注意：网站的根目录是网站的根，网站中所有文件都要放在这个目录或以下，若把文件放到这个目录以外，Web 服务器将找不到这些文件，会出现问题。

选择"文档"选项卡，如图 3-15 所示，从该选项卡中可以看出，"启用默认文档（C）"复选框已经选中，在默认文档列表框中有 4 个文件"Default.htm"、"Default.asp"、"index.htm"、"iisstart.asp"，可以使用这 4 个文件中的任意一个作为默认文档，也就是网站的首页，通过左边的上、下箭头来改变顺序，第一个为首页。当然，也可以单击【添加】按钮添加自己需要的文件名，如"index.asp"。

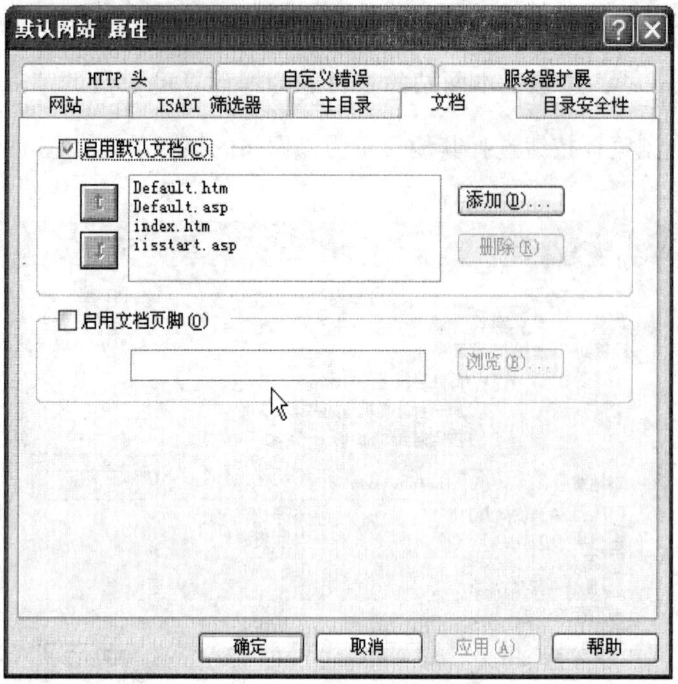

图 3-15 "文档"对话框

IIS 的配置主要配置这三个选项卡即可。

四、建立测试网页

（1）打开网站根目录 c：\Inetpub\wwwroot，如图 3-16 所示。在该文件夹下，使用电脑程序，新建一个名为"default.htm"的文件。

图 3-16 wwwroot 窗口

（2）用电脑打开该网页文件"default.htm"，输入以下内容，然后存盘退出。

\<html>

\<head>

\<title>这是一个测试网页\</title>

\</head>

\<body>

\<p>这是一个测试网页\</p>

\<p>主要是测试 Web 服务器的配置情况\</p>

\<p>现在我们使用的是"默认网站"\</p>

\</body>

\</html>

（3）在另一台与本服务器位于同一网络的计算机上，打开"Internet Explorer"浏览器，在地址栏输入服务器的 IP 地址加文件名：http：//192.168.0.20/default.htm，就可以浏览到刚建立的网页，如图 3-17 所示。

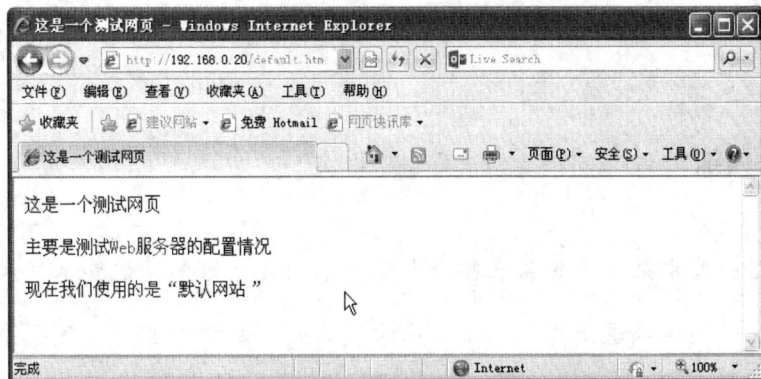

图 3-17　IE 测试页面窗口

这样 Web 服务器就配置好了，并且能够使用默认网站建立网站了。

职业能力训练

1. IIS 是_____的缩写。

2. IIS 是由微软公司提供的基于运行 Microsoft Windows 的_____基本服务。

3. IIS 是一种 Web（网页）服务组件，其中包括 Web 服务器、＿＿＿＿＿＿＿、NNTP 服务器和 SMTP 服务器。

👍 观念应用训练

　　小王要建设一个网站，除了掌握网页设计的知识外，还必须具备哪些知识呢？在日常的工作和生活中如何锻炼自己的能力呢？

　　作为合格的网页设计师，一定的文化素质是不可少的，如文学修养，看到写的优美而充满情调的文案让人回味无穷，也可使网页平添几分艺术特色。当然文化素质不仅包括文学修养，还包括音乐和绘画等方面的修养。只有具备了一定的这些方面的修养，才能够使自己的网页达到一定的水准，让人欣赏到好的网页。

👍 情景模拟训练

　　根据本任务内容为一台计算机安装和配置网站服务器 IIS，在此过程中会遇到哪些问题以及如何解决？

👍 思维拓展训练

　　赵女士买了一些水果和小食品准备去看望一个朋友，谁知，这些水果和小食品被他的儿子们偷吃了，但她不知道是哪个儿子偷吃的。为此，赵女士非常生气，就盘问 4 个儿子谁偷吃了水果和小食品。老大说道："是老二吃的。"老二说道："是老四偷吃的。"老三说道："反正我没有偷吃。"老四说道："老二在说谎。"这 4 个儿子中只有一个人说了实话，其他的 3 个都在撒谎。那么，到底是谁偷吃了这些水果和小食品？

项目二

丰富 e 购尚品商城系统页面

在本项目中，我们将学习丰富电子商务网站页面，分为以下几个模块：图片处理、Logo 制作和 Banner 广告制作。

项目导图

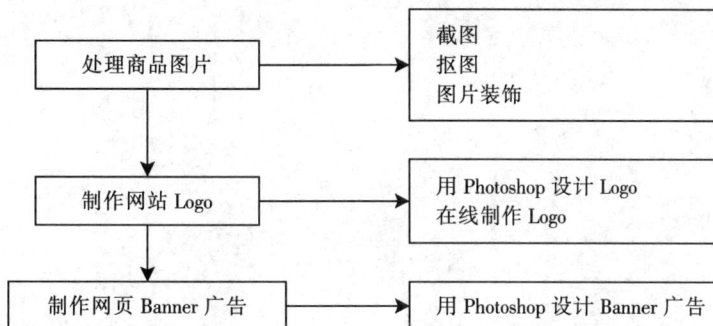

学习目标

知识目标

（1）掌握处理商品图片的方法；

（2）掌握制作网站 Logo 的方法；

（3）掌握制作网页 Banner 广告的方法。

技能目标

（1）具备商品图片的处理能力；

（2）具备网站 Logo 的设计和制作能力；

（3）具备网页 Banner 广告的制作能力。

任务 4 处理商品图片

任务目标

通过本任务实训，使学生了解常见的截图方法，并掌握 Photoshop 中常用的抠图技术和图片装饰技巧。

项目任务书

任务名称	处理商品图片	任务编号		时间要求	分钟
要求	1. 了解常见的截图方法 2. 掌握 Photoshop 中常用的抠图技术 3. 掌握 Photoshop 中常用的图片装饰技巧				
重点培养的能力	抠图技术和图片装饰				
涉及知识	截图、抠图、图片装饰				
教学地点	教室、机房	参考资料		e 购尚品商城系统	
教学设备	投影设备、投影幕布、电脑、互联网				
训练内容					

1. 听教师讲解案例及相关的知识（时间约　　分钟）
2. 制订工作计划，了解团队要做什么，要达到什么样的目的（时间约　　分钟）；组长进行分工安排，每个人在自己的项目任务书相应栏进行记录（时间为　　分钟），组员开始行动
3. 分组确定图片处理规划：截图（时间约　　分钟）、抠图（时间约　　分钟）、图片处理（时间约　　分钟）

训练要求

在学完本课程后，应能完成商品图片的处理工作，掌握相关技术知识点，能够在规定的时间内完成相关的搜索、整理、分析任务；能够在规定的时间内，撰写出分析报告；团队制订工作方案，工作有成效（能够进行很好的时间管理），具有团队合作精神

成果要求及评价标准

成果要求：需提交下列书面文件。
　　1. 本项目组成员的分工情况
　　2. 本项目组对商品图片模块处理情况
评价标准：
　　1. 对处理商品图片方法非常熟练，能够高效地完成项目任务
　　2. 对处理商品图片方法熟悉，能够按时完成项目任务
　　3. 对处理商品图片方法基本熟悉，勉强完成项目任务
　　4. 对处理商品图片方法不熟悉，不能按时完成项目任务
符合上述标准 1，成绩为优秀，可得 90~100 分；符合标准 2，成绩为良好，可得 70~80 分；符合标准 3，成绩及格，可得 60~70 分；符合标准 4，成绩为不及格，得分 60 分以下；介于这几种标准之间的，可酌情增减分

任务产出一	成员姓名与分工	成　员	学　号	分　工
		组　长		
		成员 1		
		成员 2		
		成员 3		
		成员 4		
		成员 5		
		成员 6		

续表

任务产出二	在进行处理商品图片过程中掌握了哪些知识，谈谈心得		
项目组评价		总分	
教师评价			

情景导入

小王刚刚毕业，准备应聘一家电子商务公司的网店美工工作，于是他开始为面试准备材料，小王得知，网店美工并不需要掌握平面设计、网页设计、电子商务、市场营销、摄影等所有的课程，只是会用到其中一些重要的知识和技术。如学习 Photoshop，不用像学习平面设计那样，去看许多 Photoshop 技术书籍，只要会裁图、修图、调色与图像合成技术就可以了。于是小王开始列出自己最近一阶段时间需要掌握的知识：

（1）截图。可以帮助小王收集各种素材图及设计效果图。

（2）抠图。可以帮助小王掌握基本的处理商品图片方法。

（3）图片装饰。可以提高小王的布局感和设计感。

有了这个分析后，小王开始着手去做。

知识链接

一、截图

截图是由计算机截取的显示在屏幕或其他显示设备上的可视图像。通常截图可以由操作系统或专用截图软件截取，也有由外部设备如数字相机拍摄。截图也分静态截图与动态截图，前者截图得到一个位图文件，如 BMP、PNG、JPEG，而后者得到一段视频文件。截图的目的通常是为了展示特定状态下的程序界面图标、游戏场景等。

二、抠图

抠图就是把图片或影像的某一部分从原始图片或影像中分离出来成为单独的图层。主要功能是为后期的合成做准备。方法有套索工具、选框工具、橡皮擦工具等直接选择、快速蒙版、钢笔勾画路径后转选区、抽出滤镜、外挂滤镜抽出、通道、计算、应用图像等。

三、图片处理

图片处理即对图片进行处理、修改。通常是通过图片处理软件，对图片进行调色、抠图、合成、明暗修改、彩度和色度的修改、添加特殊效果、编辑、修复等。

名人名言

在我看来有三种人：生意人，创造钱；商人，有所为，有所不为；企业家，为社会承担责任。企业家应该为社会创造环境，企业家必须要有创新的精神。

——马云

任务示范

处理商品图片

一、截图

（1）打开"e 购尚品"购物系统，拖动滚动条到女装栏目，如图 4-1 所示。

图 4-1　"e 购尚品"女装首页

（2）截图。

第一种方式：使用【Ctrl+PrintScreenSysRq】组合键截屏，获得的是整个屏幕的截图，打开画图软件，使用【Ctrl+V】组合键进行粘贴，使用画图软件中的【裁剪】工具（☑ 裁剪 ）进行裁剪并保存最终结果，完成截图操作，如图 4-2 和图 4-3 所示。

图 4-2　执行粘贴后的效果

图 4-3 执行裁剪命令后的效果

第二种方式：使用【Alt+PrintScreenSysRq】组合键截屏，获得的是当前活动窗口的截图，打开画图软件，使用【Ctrl+V】组合键进行粘贴，使用画图软件中的【裁剪】（ 裁剪 进行裁剪并保存最终结果，完成截图操作。

第三种方式：使用 QQ 软件的截图功能，打开 QQ 软件，按下【Ctrl+Alt+A】组合键（默认是这个组合键，如果更改，请按更改后的组合键），然后框选广告图片部分，再点击【保存】按钮（ ）保存最终结果，如图 4-4 所示。

图 4-4 QQ 截图效果

二、抠图

（一）使用矩形椭圆形选区工具抠图

案例：获取截图中的商品图和标签图。

（1）打开截图图片，如图 4-5 所示。

图 4-5　打开截图图片

（2）单击工具栏里的【放大镜】工具　，单击放大工具属性栏上的"实际像素"或按组合键【Ctrl+1】，如图 4-6 所示，图片以原始的尺寸显示，如图 4-7 所示。

图 4-6　单击"实际像素"按钮

图 4-7　以原始尺寸显示图片

（3）如需要截取"人气男士夹克"这张图片（图4-7右下角第一张图片）。在工具箱上单击【抓手】工具或按下空格键不放，按住鼠标左键拖动截图，将"人气男士夹克"图片在工作区中心显示，并单击工具栏里的【放大镜工具】，连击"人气男士夹克"图片三次，居中放大显示要截取的图片，如图4-8所示。

图4-8　居中放大显示要截取的图片

（4）单击工具箱中的【矩形选框】工具，在"人气男士夹克"图片上按住鼠标左键拖动拉出一个虚线框，如图4-9所示。

图4-9　框选要截取的图片

（5）打开【编辑】菜单中的【拷贝】命令复制选区图像，如图4-10所示。

图 4-10 复制选区图像

（6）打开【文件】菜单中的【新建】命令新建新文档，如图 4-11 所示，选择默认参数即可，Photoshop 会根据剪贴板上的内容定义图片尺寸。

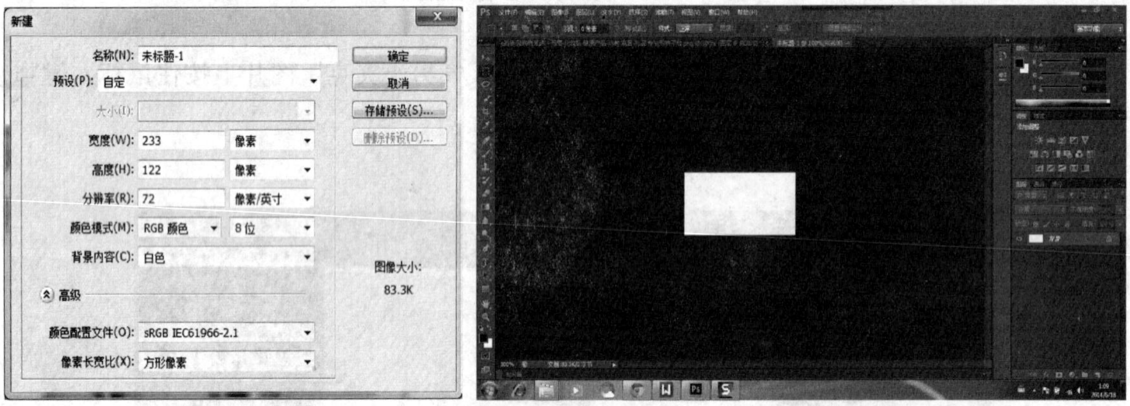

图 4-11 新建文档

（7）在新文档窗口中，打开【编辑】菜单中的【粘贴】命令，"人气男士夹克"图片就被粘贴过来了，如图 4-12 所示。

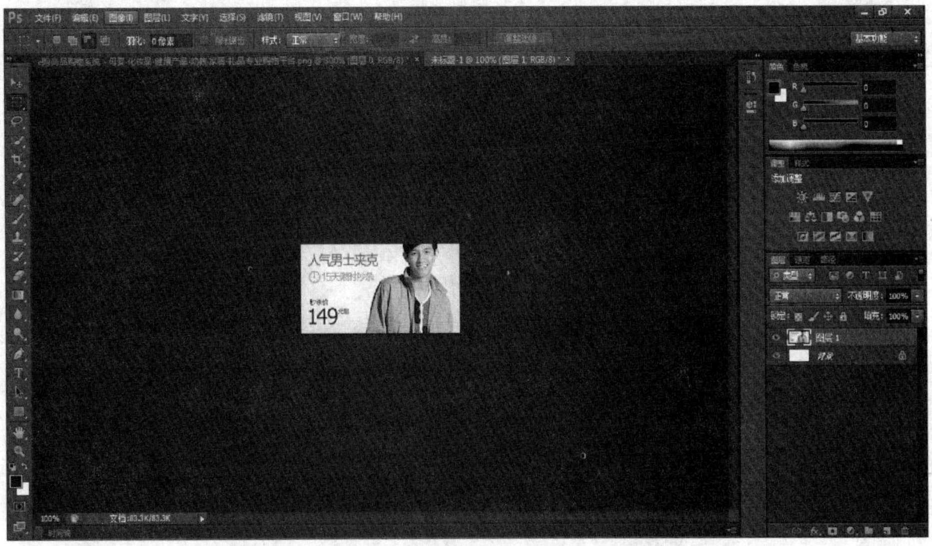

图 4-12　粘贴框选图片

（8）打开【文件】菜单中的【存储】命令或按组合键【Ctrl+S】，进行文档保存即可。

（9）截取促销标签按钮图片。单击截图窗口上的标题，切换到打开的图片窗口，如图 4-13 所示。

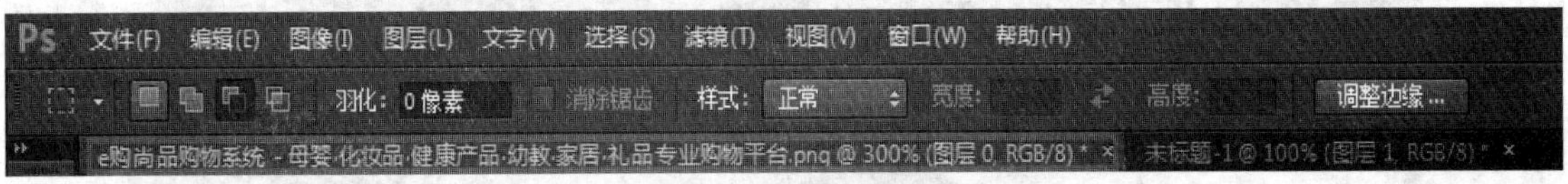

图 4-13　单击切换到截图图片窗口

（10）在工具箱上单击【抓手】工具 或按空格键不放，按住鼠标左键拖动截图，将促销标签图片在工作区中心显示，如图 4-14 所示。

图 4-14　居中显示标签图片

（11）在工具箱上长按【椭圆选框】工具 ，如图 4-15 所示，选择椭圆选框工具。按住 Shift 键不放，按住鼠标左键拖动拉出一个虚线框，如图 4-16 所示。

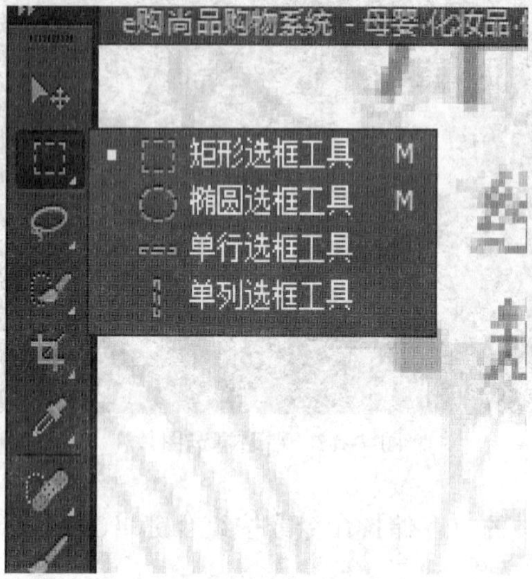

图 4-15　长按"矩形选框"工具

图 4-16　框选标签图片

（12）重复步骤（5）到步骤（8），保存图片即可。

（二）使用多边形套索工具抠图

案例：获取不规则的广告图。

（1）打开截图图片，如图 4-17 所示。

图 4-17 打开截图图片

（2）如在这张截图里面需要截取"每日一款劲爆低价"广告图片，如图 4-17 上方所示。在工具箱上单击【抓手】工具 或按空格键不放，按住鼠标左键拖动截图，将"每日一款劲爆低价"广告图片在工作区中心显示，并单击工具栏里的【放大镜工具】 ，居中放大显示要截取的图片，如图 4-18 所示。

图 4-18 放大并居中要截取图片

（3）在工具箱上长按【套索工具】 ，如图 4-19 所示，选择【多边形套索工具】。依次单击广告图片的四个顶点，如图 4-20 所示，最后再单击起始点首尾相连形成选区，如图 4-21 所示。

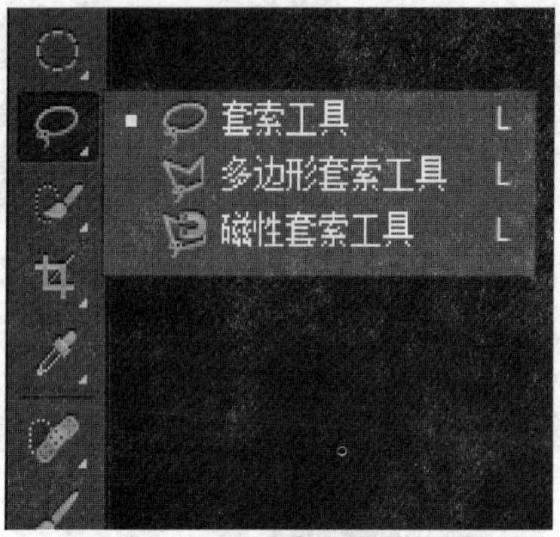

图 4-19　长按"套索"工具

图 4-20　依次单击四个顶点

图 4-21　建立多边形选区

（4）打开【编辑】菜单中的【拷贝】命令复制选区图像，如图 4-22 所示。

图 4-22 执行菜单命令"拷贝"

（5）打开【文件】菜单中【新建】命令新建文档，如图 4-23 所示，选择默认参数即可，Photoshop 会根据剪贴板上的内容定义图片尺寸。

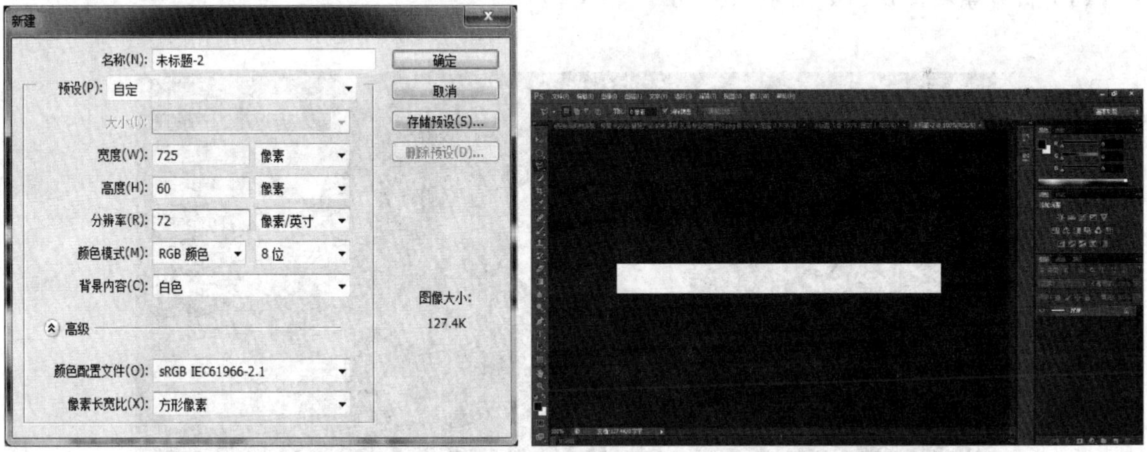

图 4-23 新建文档

（6）在新文档窗口中，打开【编辑】菜单中的【粘贴】命令，"每日一款劲爆低价"广告图片就被粘贴过来了，如图 4-24 所示。

图 4-24　粘贴框选图片

（7）打开【文件】菜单中的【存储】命令或按组合键【Ctrl+S】，进行文档保存即可。

（三）使用魔棒工具抠图

案例：给人物换衣服颜色。

（1）打开素材图片，如图 4-25 所示。

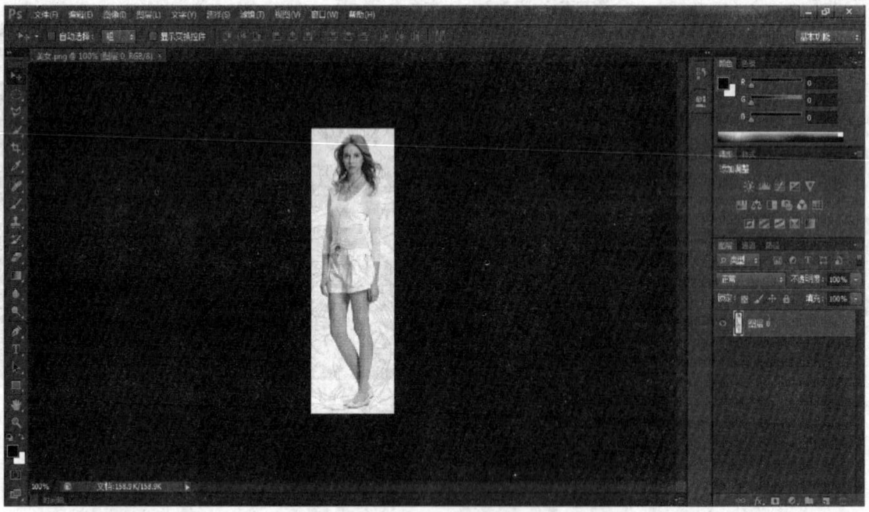

图 4-25　打开素材图片

（2）如在这张素材图片里面需要将黄色衣服换成红色衣服。在工具箱上长按【快速选择工具】，如图 4-26 所示，选择【魔棒】工具。在魔棒工具属性栏中设置选区模式为【添加到选区】，容差为 32，勾选【连续】复选框，如图 4-27 所示，单击黄色衣服上的颜色，最终建立衣服选区，如图 4-28 所示。

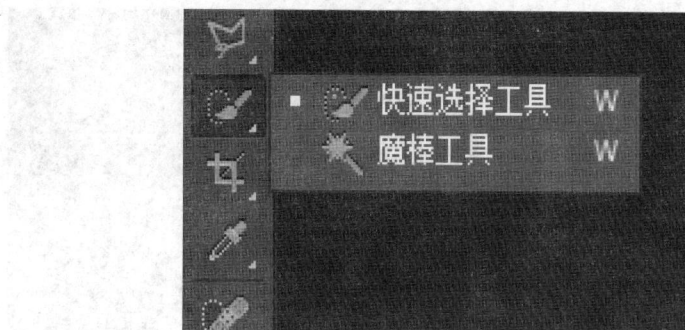

图 4-26　长按"快速选择"工具

图 4-27　设置魔棒工具属性

图 4-28　建立衣服选区

（3）打开【图层】菜单中的【新建】子菜单中的【通过拷贝的图层】命令复制选区图像到新的图层，如图 4-29 所示，单击选择新图层，如图 4-30 所示。打开【图像】菜单中的【调整】子菜单的【色相/饱和度】命令，如图 4-31 所示，打开【色相/饱和度】对话框，勾选【着色】复选框，调整色相为 360，如图 4-32 所示，单击【确定】按钮，最终效果如图 4-33 所示。

图 4-29　执行菜单命令

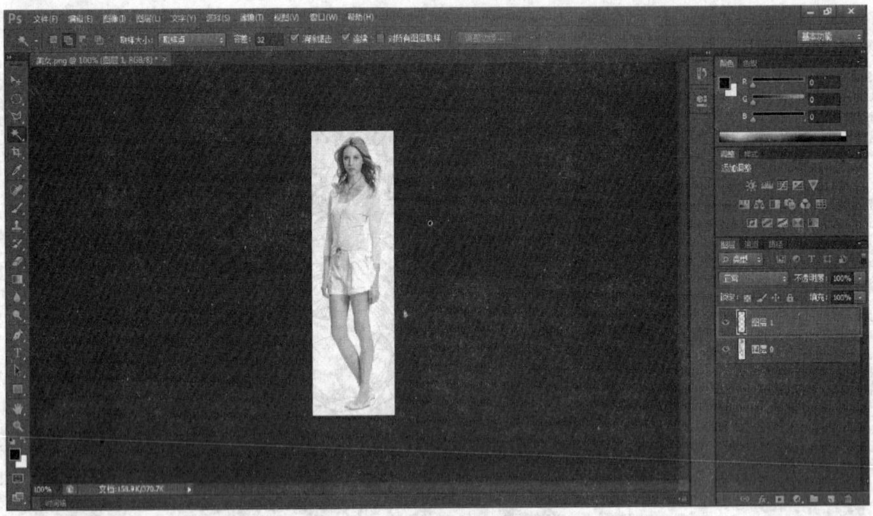

图 4-30　选择新的图层

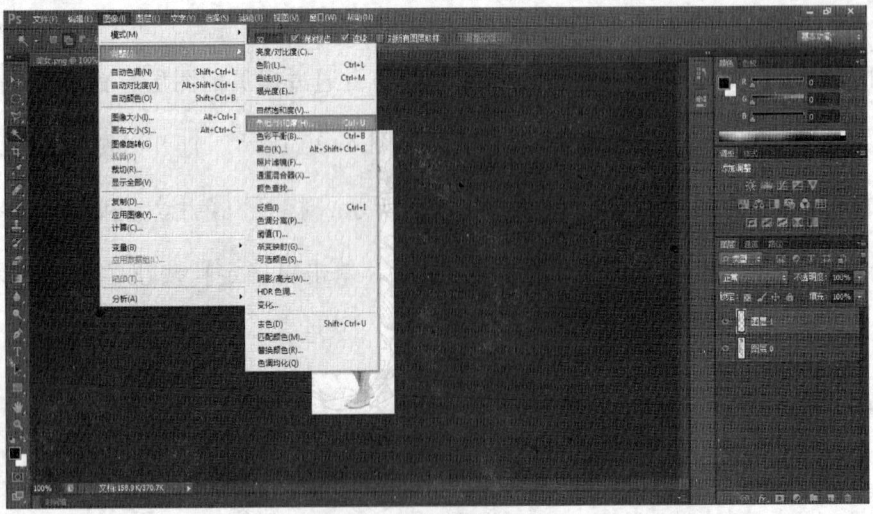

图 4-31　执行菜单命令

图 4-32 设置"色相/饱和度"参数

图 4-33 最终效果图

（四）使用钢笔工具抠图

案例：复杂图像抠图。

（1）打开素材图片，如图 4-34 所示。

图 4-34 打开素材图片

（2）单击工具箱中的【放大镜】工具 🔍，连续单击多次，将图片放大显示，这样能更精确地进行抠图，如图 4-35 所示。

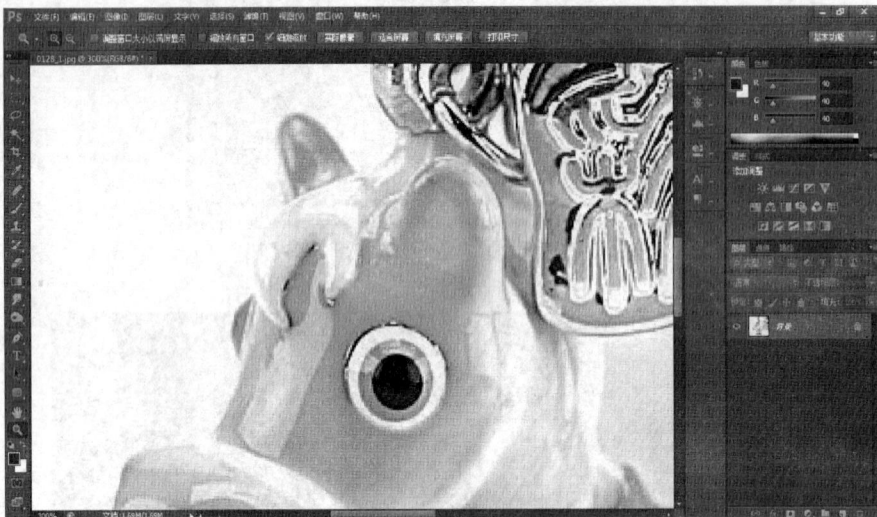

图 4-35　放大素材图片

（3）单击工具箱中的【钢笔】工具 ✒️，在工具属性栏中设置工具模式为路径，勾选【自动添加/删除】复选框，如图 4-36 所示。

图 4-36　设置"钢笔"工具属性

（4）沿着要抠图的主体的边任意部位单击一下，出现一个锚点，如图 4-37 所示。沿着主体边接着单击，出现下一个锚点，如图 4-38 所示，不要松开鼠标左键沿着边的方向拉伸或旋转，调整两个锚点间的弧线，当弧线紧贴主体边时松开鼠标，如图 4-39 所示。

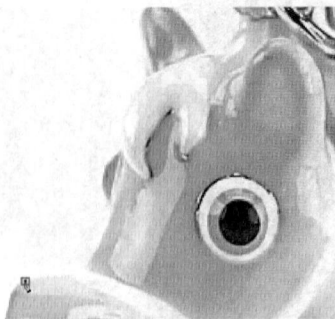

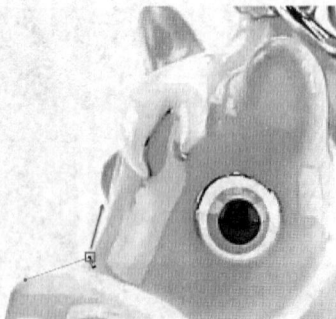

图 4-37　创建锚点　　　　**图 4-38　增加锚点**　　　　**图 4-39　调整弧线**

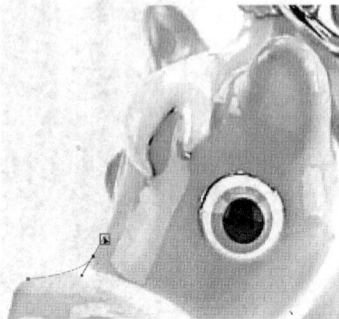

（5）按住【Alt】键调整方向与下一步抠图的方向一致，如图 4-40 所示。

（6）如果调控锚点已到编辑窗口边界时，可以松开鼠标，按住【Ctrl】键继续调节另一端的锚点，让弧线与主体边吻合，如图 4-41 所示。

（7）当抠图主体边是直边时，单击下一个锚点后直接放开鼠标左键，不需调整就会出现一条直线，如图 4-42 所示。

| 图 4-40　按住【Alt】键调整 | 图 4-41　按住【Ctrl】键调整 | 图 4-42　直线边抠图 |

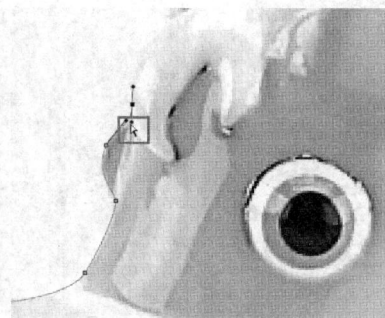

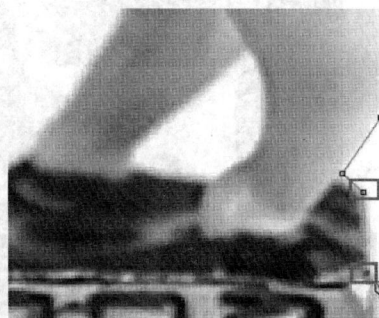

（8）重复同样的操作将抠图主体全部选中。

（9）在创建锚点路径上单击右键，在弹出的菜单中选择"建立选区"，如图 4-43 所示。

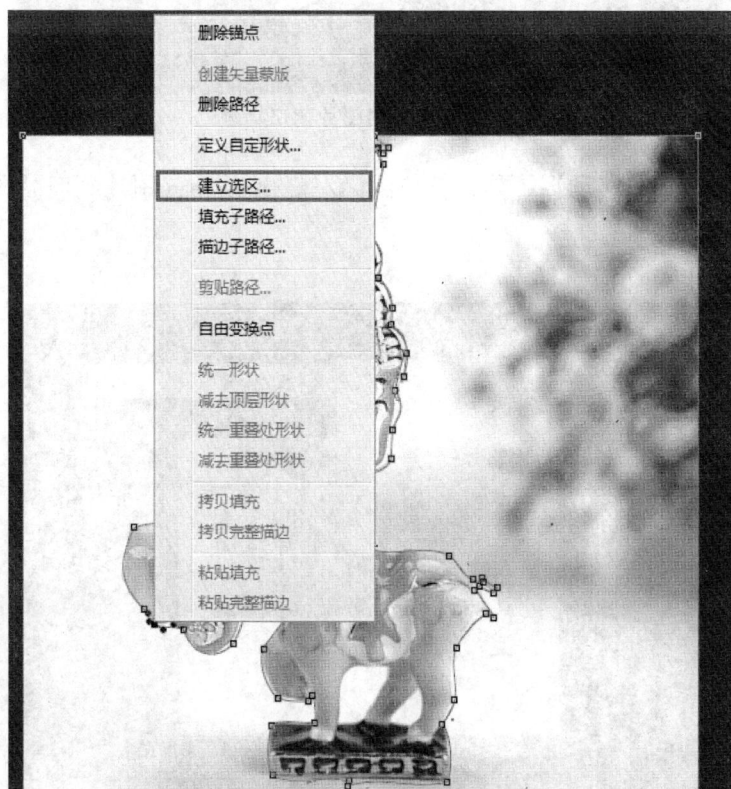

图 4-43　建立选区

（10）打开【编辑】菜单中的【拷贝】命令，新建文档，并粘贴到新文档保存即可。

三、图片装饰

（一）案例：制作水印

（1）打开素材图片，如图 4-44 所示。

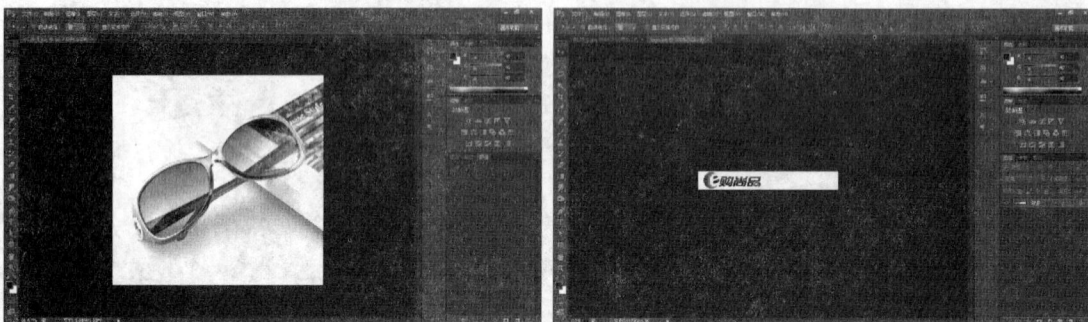

图 4-44　打开素材图片

（2）拖动图片窗口标题到工作区，如图 4-45 所示。

图 4-45　拖动图片窗口标题

（3）选择工具箱中的【移动】工具，按住鼠标左键拖动 Logo 图片到商品图片中，如图 4-46 所示。

图 4-46　拖动 Logo 图片到商品图片中

（4）继续调整位置，如图 4-47 所示。

图 4-47 调整位置

（5）更改 Logo 图层不透明度为 50%，如图 4-48 所示。

图 4-48 更改 Logo 图层不透明度

（6）最终效果如图 4-49 所示。

图 4-49 最终效果

（二）案例：处理商品图

（1）打开素材图片，如图 4-50 所示。

图 4-50　素材图片

（2）这是一张明暗对比效果不明显的图片，整体效果很暗淡，没有视觉感。打开【图像】菜单的【调整】子菜单中的【曲线】命令，打开【曲线】对话框设置参数，如图 4-51 所示，单击【确定】按钮，效果如图 4-52 所示。

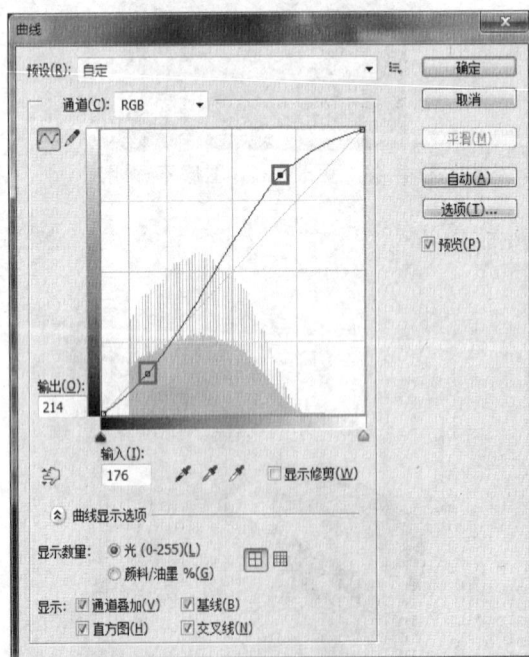

图 4-51　设置【曲线】参数

图 4-52 调整曲线后效果

（3）如图 4-52 所示，图片中茶叶颜色有点偏黄。打开【图像】菜单的【调整】子菜单中的
【色相/饱和度】命令，打开【色相/饱和度】对话框设置参数，如图 4-53 所示，单击【确定】
按钮，效果如图 4-54 所示。

图 4-53 设置【色相/饱和度】参数

图 4-54　调整【色相/饱和度】参数效果

（4）制作 220×220 像素商品图。单击工具箱中【裁剪】工具 ，在属性栏中设置尺寸为 220×220，如图 4-55 所示，拖动工作区中的图片到合适位置，如图 4-56 所示，单击【提交】 按钮，效果如图 4-57 所示。

图 4-55　设置【裁剪】工具属性

图 4-56　拖动图片到合适位置

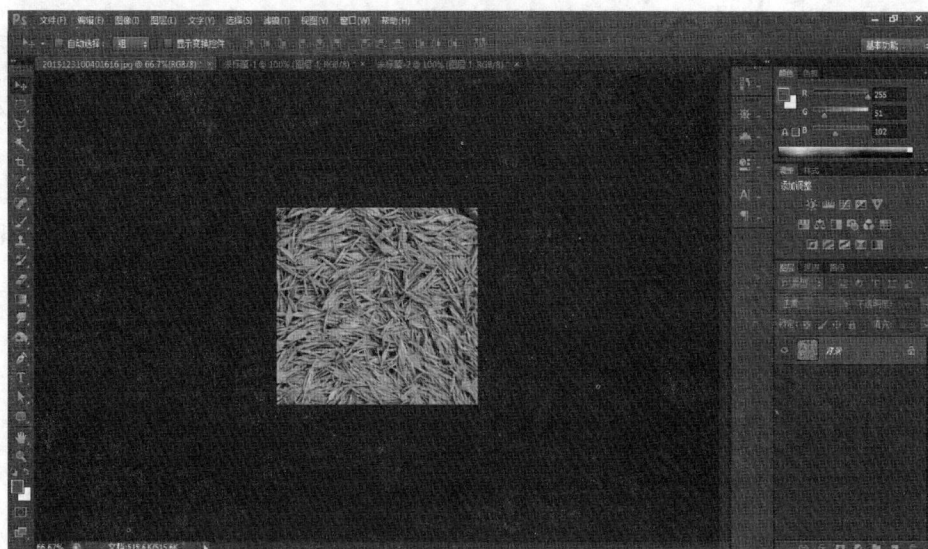

图 4-57 最终效果

职业能力训练

1. 截图的快捷键包括（ ）。

A. Ctrl+空格   B. Ctrl+Shift

C. Ctrl+M   D. Ctrl+PrintScreenSysRq

2. 下面工具中，（ ）是无法建立选区的。

A. 魔棒工具   B. 套索工具

C. 矩形选区工具   D. 移动工具

观念应用训练

　　小王入职的第一天领导就告诉他：在职场中，要有敬业精神。小王每天工作都很认真、积极，那么小王这样的表现算是敬业吗？如何做才算是有敬业精神呢？

　　一句"今天不努力工作，明天努力找工作"说出了工作与敬业的关系，在不同岗位上工作的人们都对这句富有哲理的话有着自己的理解，这句话明确地揭示了一个道理：在当今严峻的就业形势下，敬业爱岗是何等重要。什么叫敬业？南宋哲学家、教育家朱熹一语道破了其中含义：敬业者，专心致志以事业也。

由此可见，要想干一番事业，要想在自己所从事的领域有所成就，没有一种专心致志的执着劲头，没有一种苦其心志、劳其筋骨的拼命精神，是难以做出一些成绩、成就一番事业的。

敬业爱岗是时代的需要，也是社会劳动者必备的素质。爱岗敬业说得具体点就是要做好本职工作，把一点一滴的小事做好，把一分一秒的时间抓牢。从我做起，从小事做起，从现在做起，这就是敬业，这就是爱岗！

工作岗位就是一片沃土，埋头耕耘后，你会发现，其实成功之路就在脚下。怎样才能做到爱岗敬业？首先，我们要有一颗宁静淡泊的心，有句话叫"失败是成功之母"，我们每个人在生活和工作中都是从失败开始的，都吃过亏、都受过不同程度的挫折，生活的失意和工作的不顺心自然会影响到一个人的情绪和心态，一个有人文精神的单位和人性化的领导是会给予员工关心和帮助的，但要从根本上解决问题关键还是要靠自己的心理调整，古人说：非淡泊无以明志，非宁静无以致远。保持心里的宁静和淡泊，堂堂正正地做人，勤勤恳恳地做事，不以物喜不以己悲。

其次，要说的是德行，这是最主要的一点，爱与宁静淡泊只是方法，而德行是根本，贯穿中国几千年的儒家文化，中心讲的就是一个"德"字，如果具有了"仁、义、礼、智、信、温、良、恭、俭、让"，这个人能不优秀吗？他的心态能不好吗？

想一想：小王怎样才能成为一名优秀的员工呢？

👍 情景模拟训练

请根据本任务内容进行分析、素材搜索、抠图、图片装饰，最后完成一个电子商务的商品陈列图。

👍 思维拓展训练

1. 厨师烙饼

某烙饼店来了三位顾客，因急于赶火车，限定时间不能超过 16 分钟。几个厨师都无能为力，因为要烙熟一个饼的两面各需要五分钟，一口锅一次可放两个饼，那么烙熟三个饼就得 20 分钟。这时厨师老李来了，他说动足脑筋只要 15 分钟就行了。你知道该怎么烙吗？

2. 坐井观天的青蛙

坐井观天的那只青蛙有一天突然心血来潮，想到外面的世界去看看，井深九尺，青蛙一次只能蹦三尺高，如果这样青蛙要蹦几次才能跳出井口呢？

任务 5　制作网站 Logo

任务目标

通过本任务实训，使学生了解电子商务网站 Logo 的制作流程，掌握制作 Logo 的常用方法。

项目任务书

任务名称	制作网站 Logo	任务编号		时间要求	分钟
要求	1. 用 Photoshop 设计 Logo 2. 在线制作 Logo				
重点培养的能力	资料查找能力、团队合作能力、色彩分辨及掌控能力、分类汇总能力、总结概括能力				
涉及知识	色彩搭配、文字变化、图形处理				
教学地点	教室、机房	参考资料	e 购尚品商城系统		
教学设备	投影设备、投影幕布、电脑、互联网				

训练内容

1. 听教师讲解案例及相关的知识（时间约　　分钟）
2. 制订工作计划，了解团队要做什么，要达到什么样的目的（时间约　　　分钟）；组长进行分工安排，每个人在自己的项目任务书相应栏进行记录（时间为　　分钟），组员开始行动
3. 分组确定 Logo 制作规划：搜索（时间约　　分钟）、下载（时间约　　分钟）
4. 提出规划设计方案

训练要求

在完成任务的过程中能自主学习并了解电子商务网站 Logo 的制作流程和掌握 Logo 制作的有关方法；能够在规定的时间内完成相关的搜索、整理、分析任务；能够在规定的时间内，撰写出分析报告；团队制订工作方案，工作有成效（能够进行很好的时间管理），团队合作较好

成果要求及评价标准

成果要求：需提交下列书面文件。

　　1. 本项目组成员的分工情况
　　2. 本项目组在搜索后确定 Logo 的图形及颜色
　　3. 对规划设计的每一步提出规划方案结果

评价标准：

　　1. 对 Logo 图形设计创新，图形与文字排版美观，色彩搭配优秀；分析报告质量高
　　2. 对 Logo 图形设计美观，图形与文字排版协调，色彩搭配协调；分析报告质量较高
　　3. 对 Logo 图形设计一般，图形与文字排版一般，色彩搭配一般；分析报告质量一般
　　4. 对 Logo 图形设计不合理，图形与文字排版零乱，色彩搭配不协调；分析报告质量差

符合上述标准 1，成绩为优秀，可得 90~100 分；符合标准 2，成绩为良好，可得 70~80 分；符合标准 3，成绩及格，可得 60~70 分；符合标准 4，成绩为不及格，得分 60 分以下；介于这几种标准之间的，可酌情增减分

任务产出一	成员姓名与分工	成　员	学　号	分　工
		组　长		
		成员 1		
		成员 2		
		成员 3		

续表

任务产出一	成员姓名与分工	成员 4		
		成员 5		
		成员 6		
任务产出二	对 Logo 的色彩搭配、文字变化、图形处理的说明及所提出的改进建议			
项目组评价			总分	
教师评价				

情景导入

小刘开始着手进行 Logo 设计，但毫无头绪，在网上收集了一些资料和素材，在搜索的过程中发现 Logo 设计要注意很多事项，不但要美观、符合实际，而且还要有创意，于是小刘想到了从网站名"e 购尚品"中的字母"e"入手，做出创意来。

知识链接

标志（Logo），是用来表现事物特征的特殊图形符号。它具有面向大众传播、造型简洁明了、寓意深刻、易识别、易记忆的特点。随着时代的进步，作为一种特殊的视觉图形，标志在当今社会的各个领域都得到了广泛的应用。

（1）整体构思切合主题。网站 Logo 并不是随意传张图片，而是需要精心设计的，主题可以凸显电子商务网站的主营业务，也可以强调网站名的内涵。

（2）围绕主题选择素材。网站 Logo 主题可以通过花鸟等动物来表现，也可以通过人物来展现，但是在相对狭小的空间里人物的表现会有很大的局限性，也可以考虑卡通漫画人物，或是比较可爱的小动物等。

（3）色调的问题。不同的网站 Logo，其主题不同，所用的色调也有所不同，如幸福的主题最好使用暖色调来表现，这样给人的视觉效果和心灵感受都会很舒服。另外，蓝色显得简洁、绿色显得有生气、红色显得热情庄重等。

👁 **思考**

如何设计出有视觉美感的网站 Logo？

根据网站的品牌定位还是根据自己的灵感来设计网站 Logo 呢？

每天，都有数百个标志与其他数百个标志在进行激烈的较量，以希望能够脱颖而出获得别人的注意。如果希望你设计的标志能够吸引人，在设计标志时不但需要能够做到独特有新意，而且还要让人能够记住它。

如何结合图形创作出吸引人的 Logo？

📣 **应用案例**

京东商城Logo

京东商城是中国电子商务领域最受消费者欢迎和最具影响力的电子商务网站之一，企业不断做大做强了，为了满足更多的消费人群，商品涉及的类型也在不断丰富。京东商城旨在为用户提供人性化的"亲情360"全方位服务，在其标志上就体现了这一理念，蓝色网址与橙色名称的组合让人感觉还是挺本分的。

资料来源：http：//www.huilogo.com/index.php/archives/5490.

🧑 **名人名言**

优秀的标志是合适的、独特的，也是永恒的。并且，毫无疑问一个标志与它的身份是不可分离的。

——埃德里安·克利福德

任务示范

制作网站 Logo

（一）用 Photoshop 软件制作 Logo

（1）启动 Photoshop CS6 软件，打开【文件】菜单中【新建】命令，新建一个空白文档，命名为"e购尚品标志"，画布大小为 850×400 像素，如图 5-1 所示。

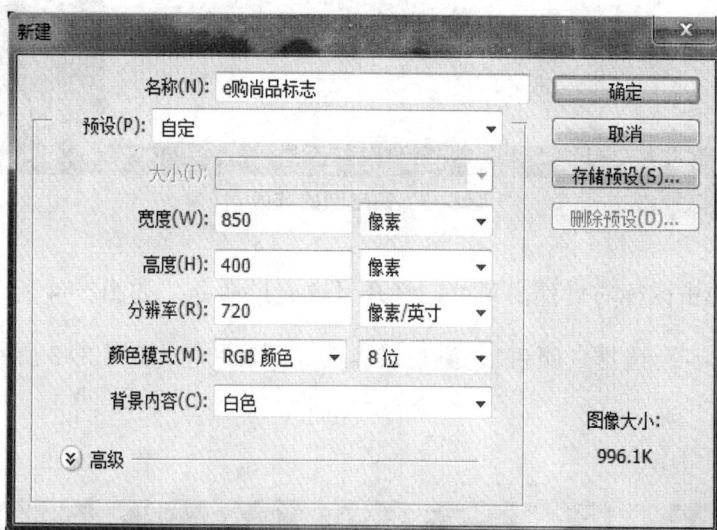

图 5-1 新建文件命令

（2）打开【视图】菜单中【标尺】命令，分别拖动两条横向参考线到 100 像素和 283 像素位置，分别拖动两条纵向参考线到 100 像素和 283 像素位置，如图 5-2 所示。

图 5-2 设置参考线

（3）单击【椭圆选框工具】，在4条参考线交叉区域画出一个圆的选区，如图5-3所示。

图5-3 画出圆的选区

（4）在选区中单击鼠标右键弹出菜单，打开【填充】命令，如图5-4所示。在弹出的"填充"对话框中，"内容"选择"颜色"，颜色设置为"ad2a00"，如图5-5所示。填充后的效果如图5-6所示。

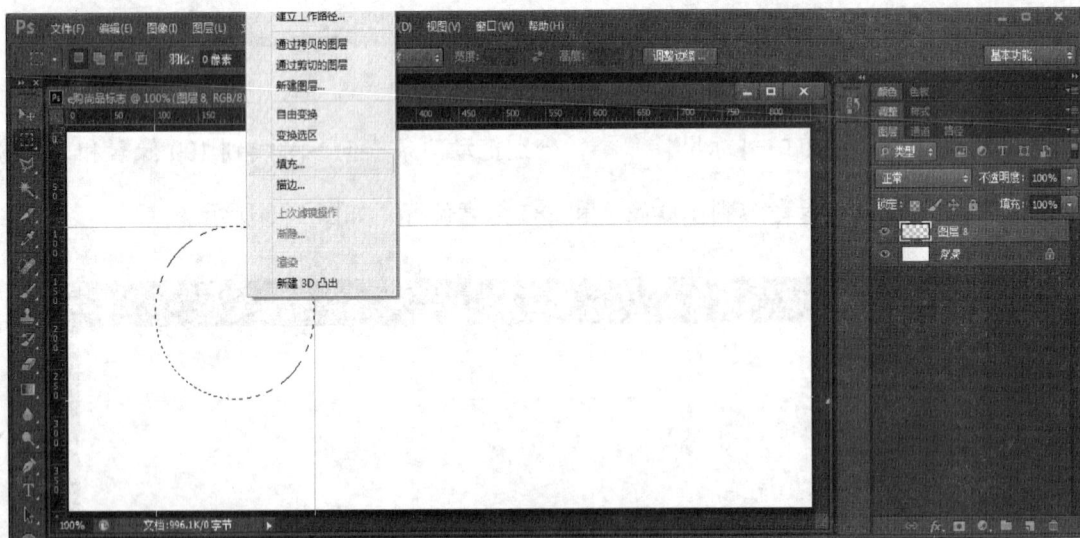

图5-4 【填充】命令

图 5-5 选择颜色

图 5-6 填充的效果

（5）单击【钢笔】工具，绘制路径，如图 5-7 所示。

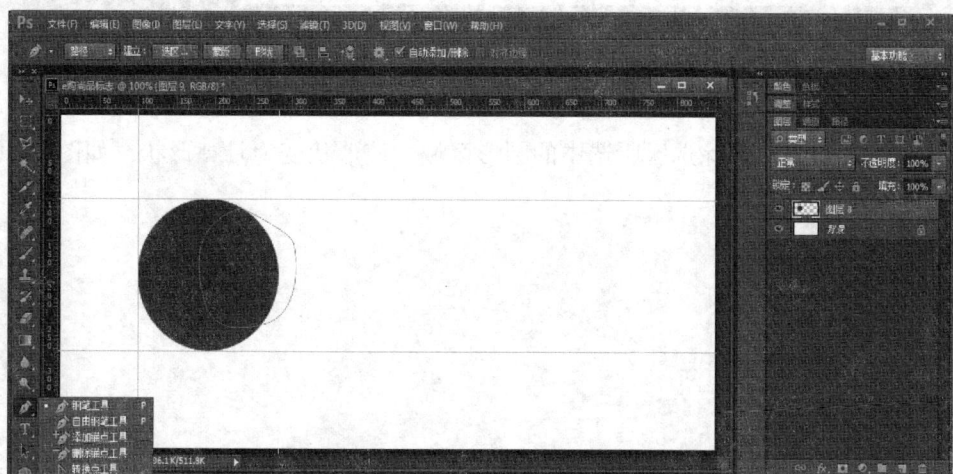

图 5-7 【钢笔】工具绘制路径

（6）在选区中单击鼠标右键弹出菜单，如图 5-8 所示，打开【建立选区】命令，将路径转换为选区，如图 5-9 所示。

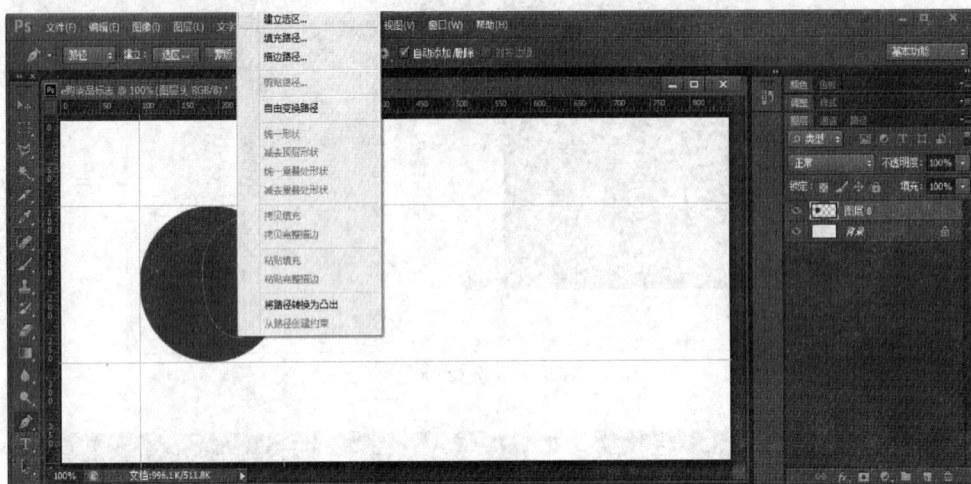

图 5-8　打开【建立选区】命令

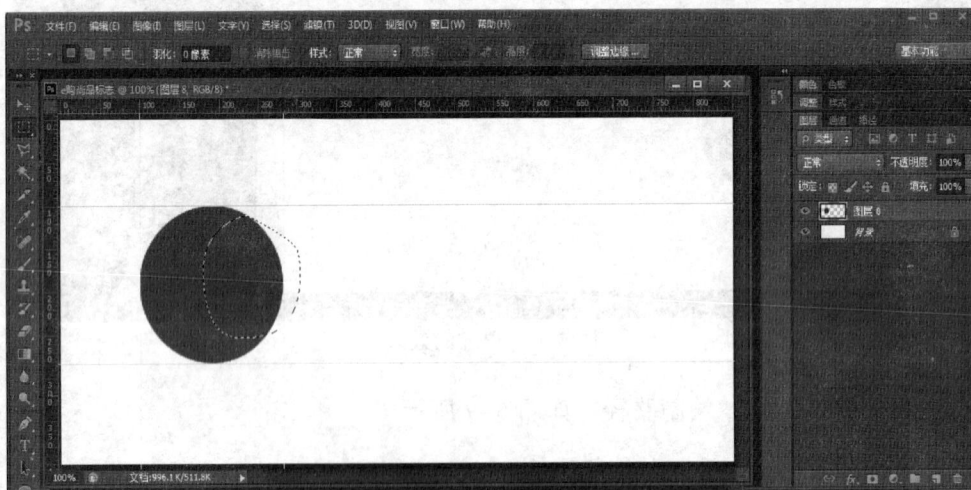

图 5-9　建立选区

（7）按【Delete】键，删除选区所选中的圆形区域，使形状变为月亮形状，如图 5-10 所示。

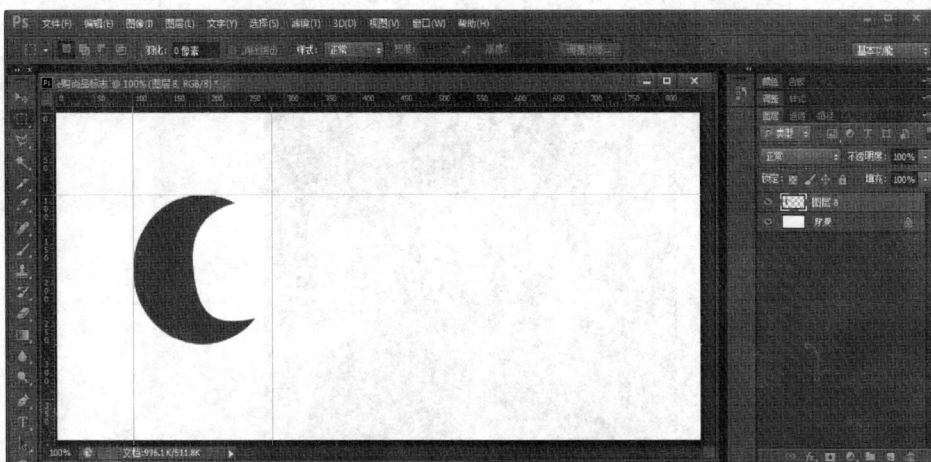

图 5-10　删除选区部分形状

（8）双击图层，在弹出的"图层样式"对话框中选择"渐变叠加"，设置其渐变颜色为"#f55200"到"#ad2a00"，样式为"径向"，如图 5-11 所示。设置后的效果如图 5-12 所示。

图 5-11　设置图层样式渐变叠加

图 5-12　设置后的效果

（9）单击月亮形状图层，按组合键【Ctrl+J】复制一层，如图5-13所示。

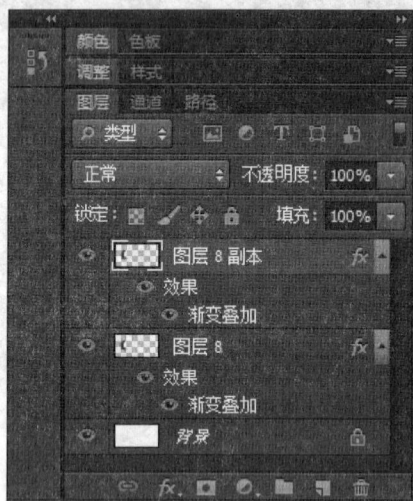

图5-13 复制层

（10）双击图层，在弹出的"图层样式"对话框中选择"颜色叠加"，设置其填充颜色为"#ff7800"，如图5-14所示。

图5-14 设置图层样式颜色叠加

（11）单击【钢笔】工具，绘制路径，如图5-15所示。

图 5-15 绘制路径

（12）参照步骤（6）、步骤（7）的方法，建立选区并删除图形，如图 5-16 所示。

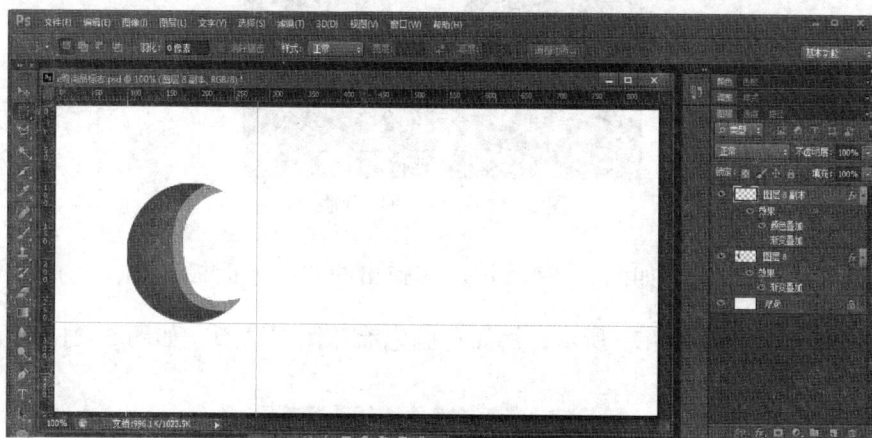

图 5-16 完成后的效果

（13）单击月亮形状图层，按组合键【Ctrl+J】复制一层，双击图层，在弹出的"图层样式"对话框中选择"颜色叠加"，设置其填充颜色为"#ffffff"，并适当调整位置，如图 5-17 所示。

图 5-17 调整后的效果

（14）单击"图层面板"中的【添加图层蒙版】按钮，如图5-18所示。

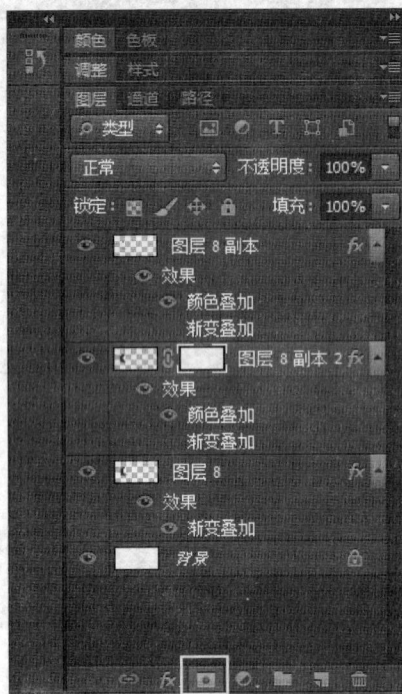

图5-18　添加图层蒙版

（15）单击【画笔工具】，如图5-19所示。在弹出的"画笔面板"中，选择"柔边圆"，大小设置为"150像素"，如图5-20所示，用黑色画笔涂沫图层蒙版，如图5-21所示。

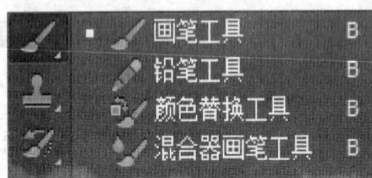

图5-19　画笔工具

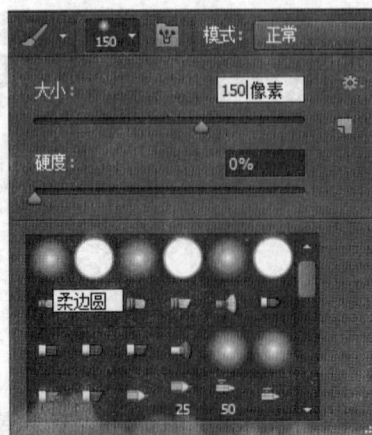

图5-20　画笔面板

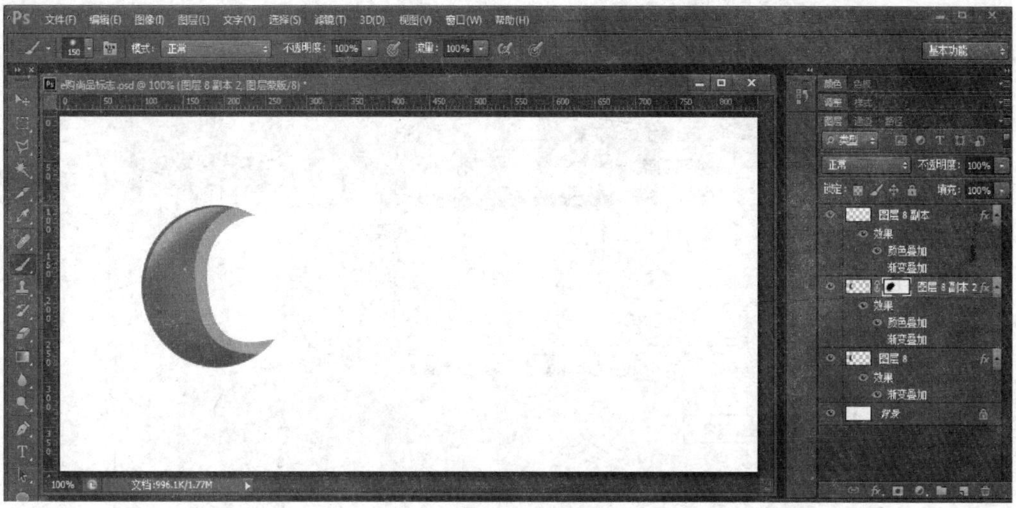

图 5-21　完成后的效果

（16）参照步骤（3）、步骤（4）的方法绘制一个圆，如图 5-22 所示。

图 5-22　画出圆并填充颜色

（17）双击图层，在弹出的"图层样式"对话框中选择"渐变叠加"，设置其渐变颜色为"#061c4d"到"#0048a1"，样式为"径向"，角度为"45 度"，如图 5-23 所示。设置后的效果如图 5-24 所示。

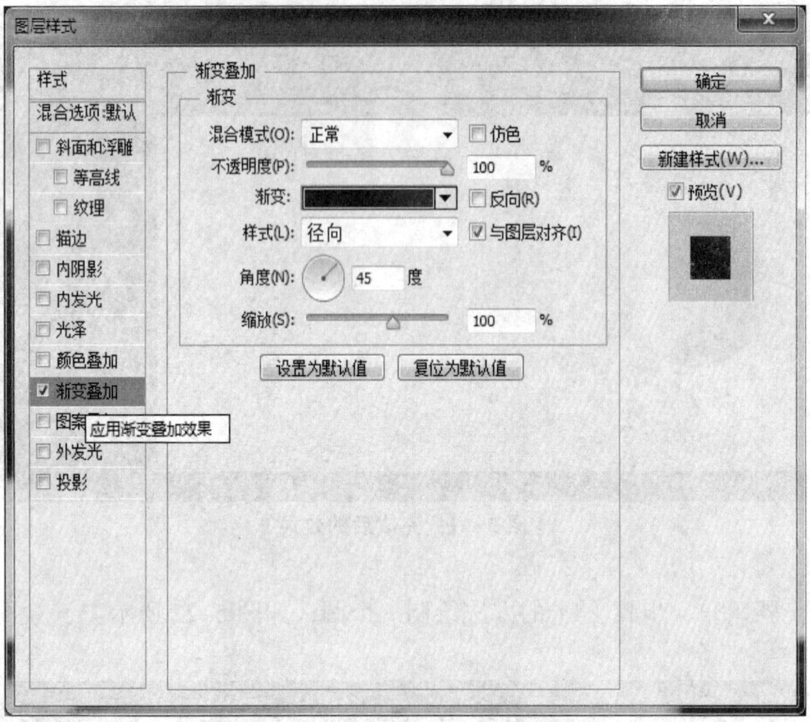

图 5-23　设置图层样式渐变叠加

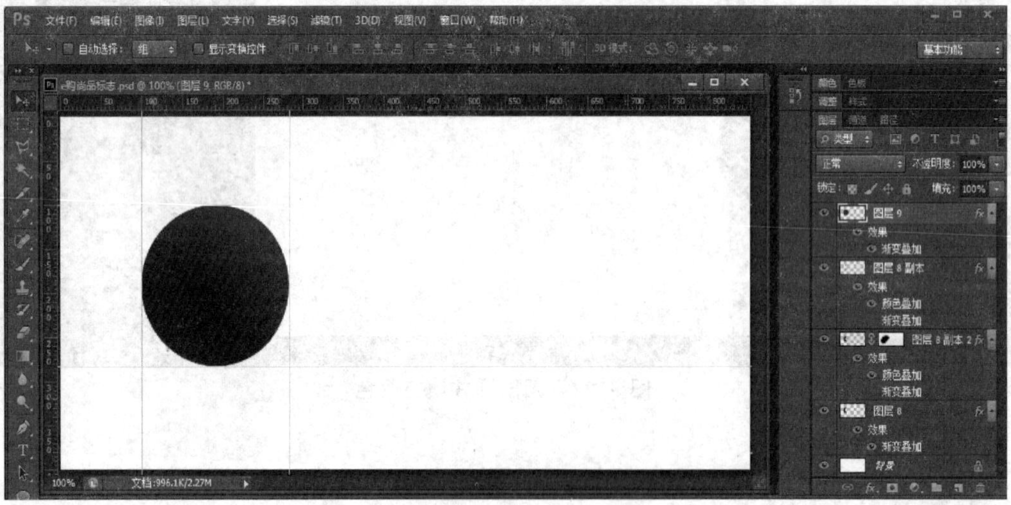

图 5-24　设置后的效果

（18）单击【钢笔】工具，绘制路径，如图 5-25 所示。

图 5-25 绘制路径

(19) 参照步骤 (6) 的方法, 建立选区, 按组合键【Ctrl+I】对选区进行反选, 并参照步骤 (7) 的方法删除选区部分内容, 如图 5-26 所示。

图 5-26 完成后的效果

(20) 单击【横排文字】工具 (T), 在标志旁边输入网站名 "e 购尚品" 中的 "购尚品" 3 个字, 选择 "方正综艺简体" 字体, 设置 "字体大小" 为 "116 点", 设置 "取消锯齿的方法" 为 "锐利", 设置为斜体, 并使用变形工具【Ctrl+T】适当压缩文字, 如图 5-27 所示。

图 5-27　添加文字

（21）双击文字图层，在弹出的"图层样式"对话框中选择"渐变叠加"，设置其渐变颜色为"#061c4d"到"#0048a1"，样式为"线性"，角度为"90 度"，如图 5-28 所示。设置后的效果如图 5-29 所示。

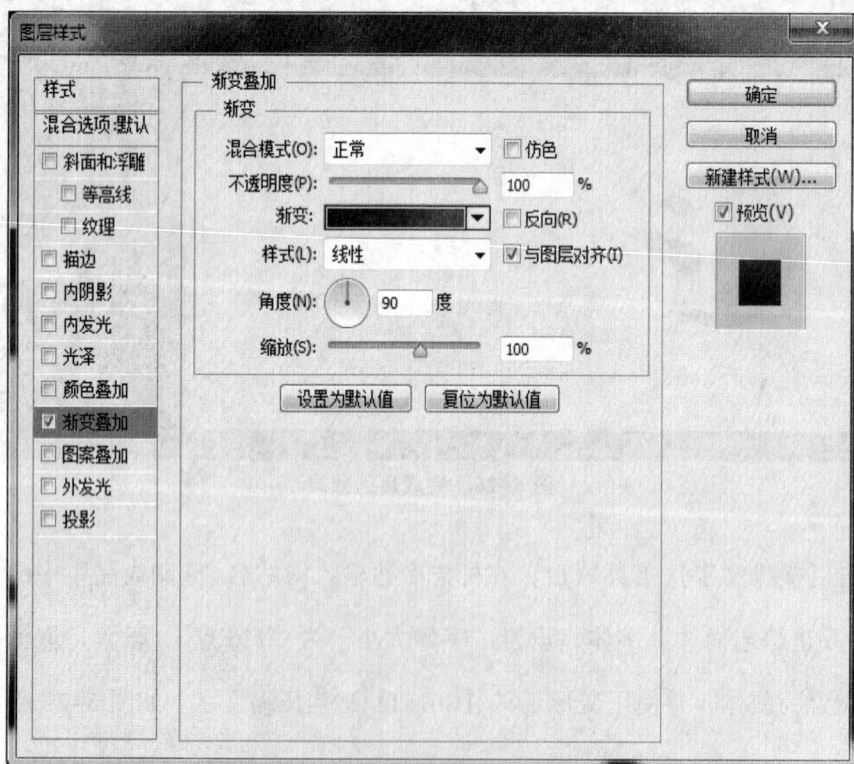

图 5-28　设置图层样式渐变叠加

图 5-29　设置后的效果

（22）在文字图中单击鼠标右键弹出菜单，打开【栅格化图层样式】命令，如图 5-30 所示。

图 5-30　栅格化图层样式

（23）单击【多边形套索】工具，选取"品"字右下角的"口"字，如图 5-31 所示。按下【Delete】键，删除选区所选中的区域，如图 5-32 所示。

图 5-31　多边形套索工具

图 5-32　完成后的效果

（24）新建一个图层，单击【钢笔】工具，绘制路径，如图 5-33 所示。

图 5-33　绘制路径

（25）参照步骤（6）的方法，建立选区，并参照步骤（4）的方法填充颜色，如图 5-34 所示。

图 5-34　填充颜色

（26）双击图层，在弹出的"图层样式"对话框中选择"渐变叠加"，设置其渐变颜色为"#ad2a00"到"#ff5700"，样式为"线性"，角度为"135 度"，如图 5-35 所示。设置后的效果如图 5-36 所示。

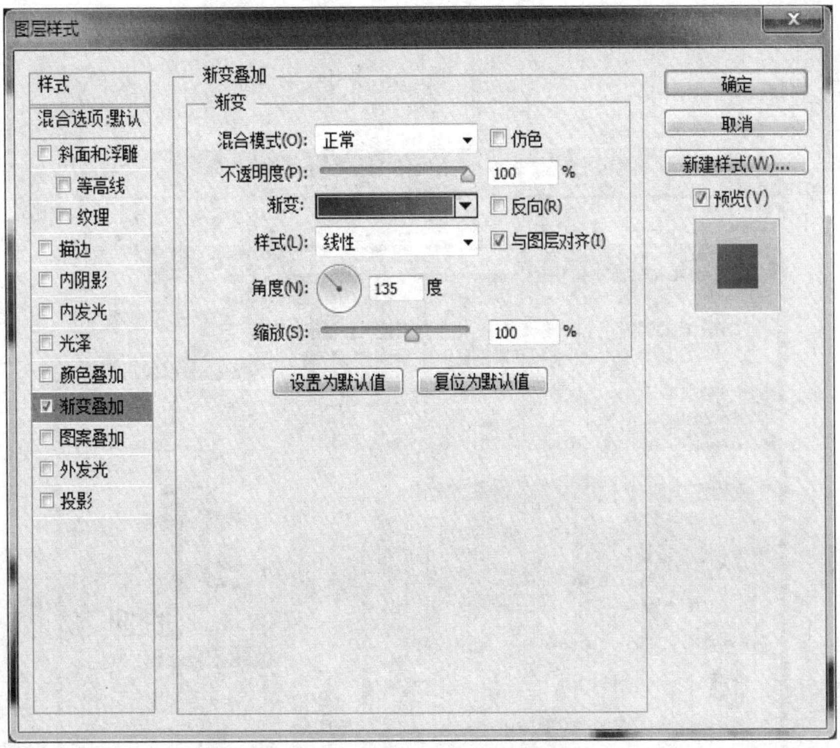

图 5-35　设置图层样式渐变叠加

图 5-36　完成后的效果

（27）网站 Logo 设计完成，如图 5-37 所示。

图 5-37　最终的效果

（二）在线制作 Logo

（1）在浏览器地址栏中输入"U 钙网"的网址"http：//www.uugai.com"，打开 U 钙网首页，如图 5-38 所示。

图 5-38　U 钙网首页

（2）在首页往下拖动浏览器滚动条，可以看到 U 钙网提供了两种 Logo 制作的模板，分别为"通用 Logo 模板"和"传统 Logo 模板"，以"通用 Logo 模板"为例介绍如何在线制作 Logo。单击通用 Logo 模板右侧的"更多"链接，跳转到通用 Logo 模板页面，如图 5-39 所示。

图 5-39　通用 Logo 模板页面

（3）选择其中一种模板单击【开始制作】按钮，如图 5-40 所示。

图 5-40　Logo 制作页面

（4）在制作界面中输入标题文字"e 购尚品"，字体样式选择"方正粗黑"和"样式一"，宽度选择"正常"，网址/描述设置为空，字体颜色设置为"CC6633"，网址颜色设置为"999999"，设置完成后单击【开始制作】按钮，如图 5-41 所示。

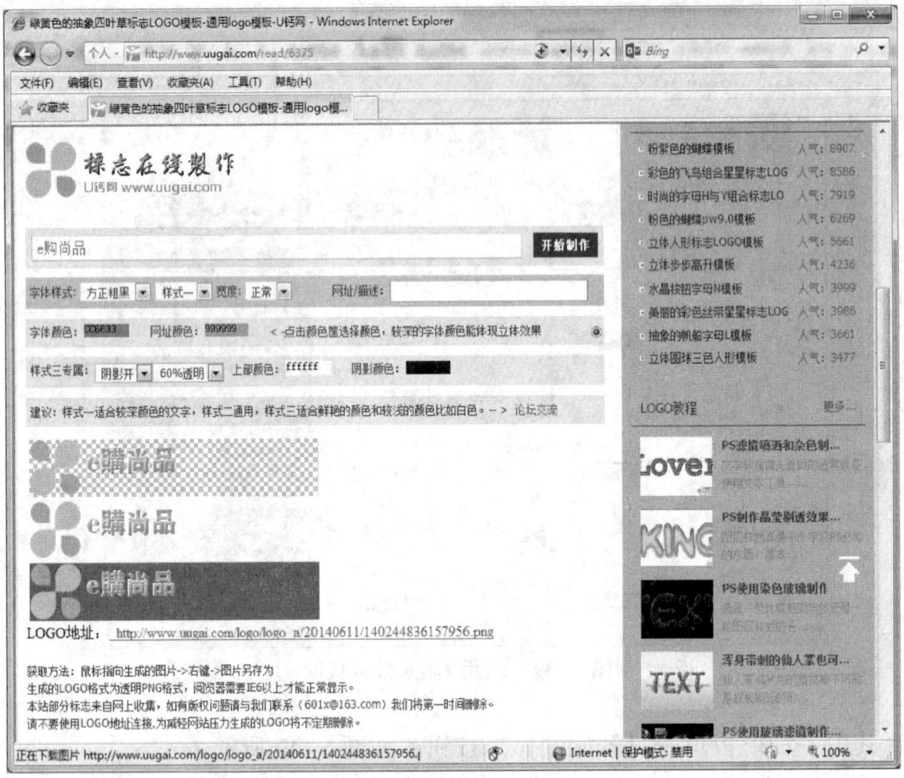

图 5-41 设置参数制作 Logo

（5）Logo 制作完成，单击 Logo 地址弹出页面，保存图片即可，如图 5-42 所示。

图 5-42 完成后的效果

职业能力训练

1. 简述标志的概念。

2. 简述设计 Logo 时要注意的问题。

观念应用训练

下一个

世界球王贝利在 20 多年的足球生涯中，参加过 1364 场比赛，共踢进 1282 个球。并创造了一个队员在一场比赛中射进 8 个球的纪录。他超凡的技艺不仅令万千观众心醉，而且常使球场上的对手拍手称绝。他不仅球技高超，而且谈吐不凡。当他个人进球纪录满 1000 个时，有记者问他："您最满意哪个球?"贝利笑着说："下一个。"

启示： 永远是下一个，永不自满，才有了追求的动力，贝利如此，或许你在设计上可以效仿下他，如果你对自己的作品很满意，你需要警惕了。

思考： 请问如何克服设计上的"瓶颈"?

情景模拟训练

根据教师提供的 Logo 名称和设计理念，学生尝试利用 Photoshop CS2 软件按要求设计一个符合要求的 Logo。

任务 6　制作网页 Banner 广告

任务目标

通过本任务实训，使学生了解电子商务网站 Banner 广告的制作流程，掌握制作 Banner 广告的技巧和方法。

项目任务书

任务名称	制作网页 Banner 广告	任务编号		时间要求	分钟
要求	用 Photoshop 设计 Banner 广告				
重点培养的能力	团队合作能力、色彩分辨及掌控能力、构图能力、分类汇总能力、总结概括能力				
涉及知识	构图，色彩搭配、文字排版、图形处理				
教学地点	教室、机房	参考资料	e 购尚品商城系统		
教学设备	投影设备、投影幕布、电脑、互联网				

训练内容

1. 听教师讲解案例及相关的知识（时间约　　分钟）
2. 制订工作计划，了解团队要做什么，要达到什么样的目的（时间约　　分钟）；组长进行分工安排，每个人在自己的项目任务书相应栏进行记录（时间为　　分钟），组员开始行动
3. 分组确定 Banner 广告制作规划：搜索（时间约　　分钟），下载（时间约　　分钟）
4. 提出规划设计方案

训练要求

在完成任务的过程中能自主学习并了解电子商务网站 Banner 广告的制作流程和掌握制作 Banner 广告的技巧和方法；能够在规定的时间内完成相关的搜索、整理、分析任务；能够在规定的时间内，撰写出分析报告；团队制订工作方案，工作有成效（能够进行很好的时间管理），团队合作较好

成果要求及评价标准

成果要求：需提交下列书面文件。
　　1. 本项目组成员的分工情况
　　2. 本项目组在搜索后确定 Banner 广告的构图及颜色
　　3. 对规划设计的每一步提出规划方案结果
评价标准：
　　1. 对 Banner 广告构图设计创新，文字排版美观，色彩搭配优秀；分析报告质量高
　　2. 对 Banner 广告构图设计美观，文字排版协调，色彩搭配协调；分析报告质量较高
　　3. 对 Banner 广告构图设计一般，文字排版一般，色彩搭配一般；分析报告质量一般
　　4. 对 Banner 广告构图设计不合理，文字排版零乱，色彩搭配不协调；分析报告质量差
符合上述标准 1，成绩为优秀，可得 90~100 分；符合标准 2，成绩为良好，可得 70~80 分；符合标准 3，成绩及格，可得 60~70 分；符合标准 4，成绩为不及格，得分 60 分以下；介于这几种标准之间的，可酌情增减分

任务产出一	成员姓名与分工	成 员	学 号	分 工
		组 长		
		成员 1		

续表

任务产出一	成员姓名与分工	成员 2		
		成员 3		
		成员 4		
		成员 5		
		成员 6		
任务产出二	对 Banner 广告的构图设计、色彩搭配、文字排版、图形处理的说明及所提出的改进建议			
项目组评价			总分	
教师评价				

情景导入

夏季将至，小刘接到一个以夏季服饰为主题的 Banner 广告设计的任务，需要在 1 天时间内上传到 e 购尚品网站上做促销。由于时间比较紧迫，小刘需要你的协助才能把整个任务顺利完成。你应该从哪些方面去帮助小刘呢？

知识链接

Banner 广告

Banner 广告是整个电子商务网站中最具有视觉传达的部分，很多人在做网站的时候没注意到这一点，盲目地把一些图片和文字硬生生地拼凑上去，其实这是非常不专业的做法，为什么这么说呢？一个电子商务网站的好坏，Banner 设计是最重要的一部分，我们通常打开一个网站，第一眼看到的是网站 Banner 区域，因为 Banner 在整个网站的编排中，所占位置最大，最为显眼。我们通常所说：这个网站设计得很漂亮，其实我们所说的漂亮，不仅是这个网站排版很合理，更重要的是这个网站的 Banner 设计很有视觉享受，很有特色。

（一）网站 Banner 设计，素材选用尤为重要

我们通常所说的这个网站很有视觉冲击力，很多是因为这个 Banner 的图片处理手法，这个 Banner 里面所用的素材是我们平常很少见过的，因为见得少，所以脑中就会对这个网站产生深刻的印象。网站 Banner 设计时所用的素材和图片一定要能够表达整个网站的中心思想，所以网

站素材选用也是非常关键的。

（二）好的文字处理手法对网站的 Banner 能够起到画龙点睛的作用

设计 Banner 的时候，不能硬生生地把文字硬敲上去，这样会让整个 banner 显得木讷呆板，没有一点灵性。一些常见的 Banner 文字处理手法有：

（1）常见的文字排列混搭方法。包括文字大小和颜色的混搭、不同文字混搭、中英文字体混搭。

（2）网站 Banner 中文字倾斜和斜切排版。可以根据不同的图片排版方法，对文字进行倾斜、斜切等一些透视处理方法，让整个画面更有层次感，更加生动，能达到一种意想不到的效果。

文字变形处理可以提升整个 Banner 设计的品质，好的文字变形处理可以把 Banner 和页面烘托得大放异彩。

思考

Banner 广告如何吸引顾客的眼球？

电子商务网站 Banner 广告的目的就是吸引顾客注意，然后吸引顾客点击。所以一个优秀的 Banner 广告首先要做到的就是必须能够吸引顾客浏览。而顾客浏览网页的时间一般也就十几秒，因此 Banner 广告必须在第一时间内吸引顾客的眼球。在设计 Banner 广告时，我们必须要考虑顾客的浏览习惯，也就是在只看一眼的情况下，能否引起顾客足够的重视。所以，第一感觉对于 Banner 广告设计是最重要的一点。

什么样的构图、什么样的文字排版、什么样的色彩搭配才能吸引顾客的眼球呢？

应用案例

某商城运动服装 Banner 广告

　　Banner 广告背景选用绿色背景，凸显春季朝气蓬勃的气息，迎合运动装的动感和时尚，重点的折扣文字运用了橙色，区别于绿色，形成强烈的对比，使浏览者第一眼就将视觉聚焦在"5 折起"这三个字上面，起到了促销的作用。

　　资料来源：http://www.poluoluo.com/xinshang/HTML/243795.html.

名人名言

　　广告的伟大艺术就在于能找到一种适当的方法引起看广告的人的注意。

——艾迪生

任务示范

制作网页 Banner 广告

（1）启动 Photoshop CS6 软件，打开【文件】菜单中【打开】命令，打开素材图片"模特.jpg"，如图 6-1 所示。

图 6-1　模特素材

（2）单击【钢笔】工具，绘制模特轮廓的路径，发丝部分暂时忽略，如图 6-2 所示。

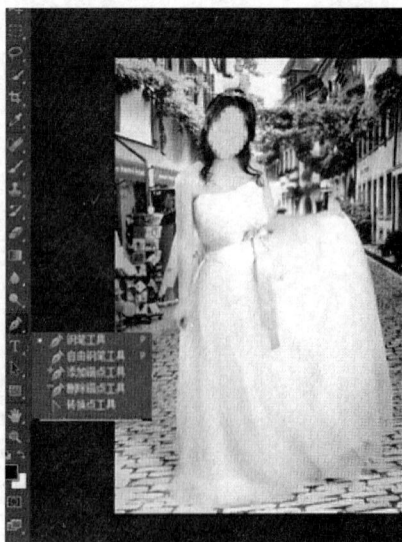

图 6-2　钢笔工具绘制路径

（3）按组合键【Ctrl+Enter】建立选区，如图 6-3 所示。

图 6-3 建立选区

（4）按组合键【Ctrl+C】复制，再按组合键【Ctrl+V】粘贴，从而复制出选区选中部分的图像，如图 6-4 所示。

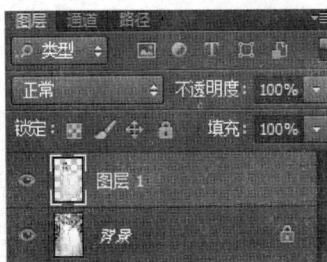

图 6-4 复制选区图层

（5）单击"通道"面板，选择模特与背景色对比度最大的通道"蓝"通道，如图 6-5 所示。

图 6-5 选择通道

（6）在"蓝"通道单击鼠标右键弹出菜单，如图6-6所示，打开"复制通道"命令，在弹出的"复制通道"对话框中单击【确定】按钮，如图6-7所示，复制出"蓝"通道。

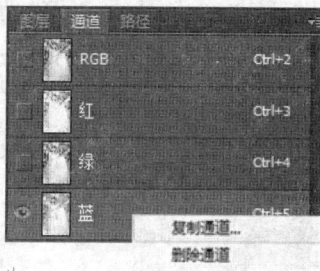

图6-6 复制通道

图6-7 复制通道对话框

（7）按组合键【Ctrl+L】，在弹出的"色阶"对话框中，暗部滑块右移，亮部滑块左移，可以显著地增加模特和背景色的对比度，但滑块不要移动得太过，适中即可，否则图片上会出现噪点，如图6-8所示。

图6-8 色阶命令

（8）按组合键【Ctrl+I】将所得的通道图反相，如图 6-9 所示。

图 6-9　通道图反相

（9）单击【加深工具】，"范围"选择为"中间调"，如图 6-10 所示。在模特头部周围的背景区域反复涂抹直到把背景的灰色部分调暗为黑色，如图 6-11 所示。

图 6-10　加深工具

图 6-11　涂抹后的效果

（10）单击【减淡】工具，"范围"选择为"中间调"，如图 6-12 所示。在模特头部与发丝区域反复涂抹直到把头部的黑色部分调亮为白色，再使用画笔工具，将头部剩余的黑色部分涂抹为白色，如图 6-13 所示。

图 6-12　减淡工具

图 6-13　涂抹后的效果

（11）在通道缩略图中按【Ctrl】键载入选区，如图 6-14 所示。

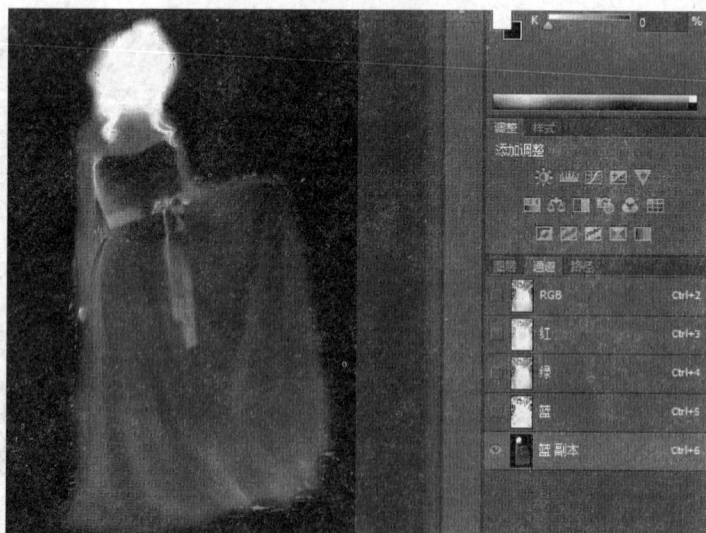

图 6-14　载入选区

（12）单击"图层"面板复制选区内容到新的图层，如图 6-15 所示。隐藏原始图层，观察被抠出来的头部在透明的背景上效果如何，如图 6-16 所示。

图 6-15　复制选区内容

图 6-16　隐藏原始图层

（13）单击【套索工具】选取发丝部分，如图 6-17 所示。按组合键【Ctrl+Shift+I】将选区反选，按【Delete】键，删除选区所选中的图像，如图 6-18 所示。

图 6-17　套索工具选取发丝

图 6-18　删除后的效果

（14）显示"图层 1"，如图 6-19 所示。按【Ctrl】键单击"图层 2"载入选区，打开【选择】菜单中【修改】→【羽化】命令，如图 6-20 所示。

图 6-19　显示图层

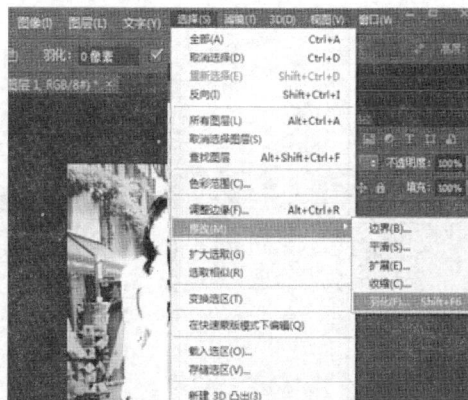

图 6-20　羽化命令

（15）在弹出的"羽化选区"对话框中将"羽化半径"设置为"1像素"，单击【确定】按钮，如图6-21所示。

图6-21　设置羽化半径

（16）按组合键【Ctrl+Shift+I】将选区反选，如图6-22所示。按【Ctrl+C】键复制，再按【Ctrl+V】键粘贴，复制出羽化后的发丝，如图6-23所示。

图6-22　选区反选　　　　　　　　　　　图6-23　复制发丝

（17）单击复制后的发丝图层，按组合键【Ctrl+L】，在弹出的"色阶"对话框中，暗部滑块右移，增加发丝的暗度，如图6-24所示。

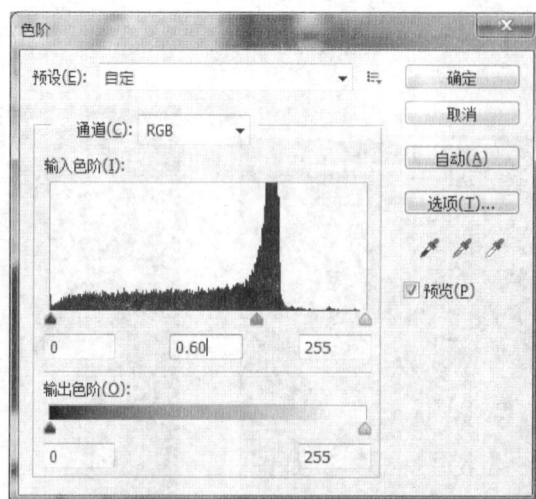

图6-24　色阶命令

（18）此时发丝处理完毕，按【Ctrl】键将 3 个图层选中，再按组合键【Ctrl+E】合并图层，如图 6-25 所示，另存为"模特.png"格式文件。

图 6-25　合并图层

（19）打开【文件】菜单中【新建】命令，新建一个空白文档，命名为"banner 广告"，画布大小为 730×422 像素，如图 6-26 所示。

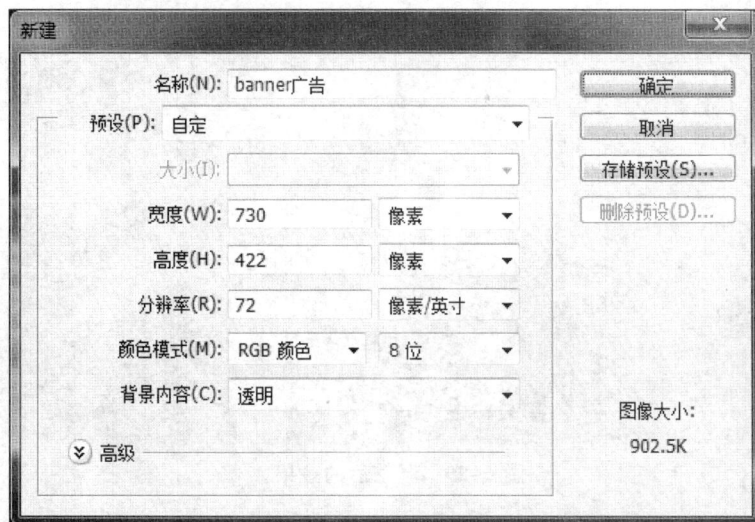

图 6-26　新建文件命令

（20）打开【文件】菜单中【打开】命令，打开素材图片"背景.jpg"和刚刚处理好的模特图片"模特.png"，如图 6-27 和图 6-28 所示。

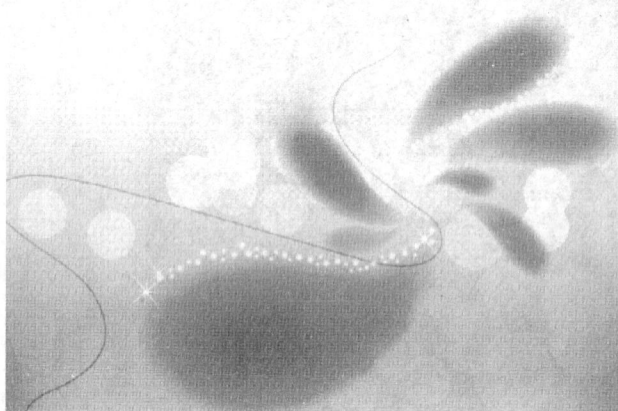

图 6-27　打开素材图片

图 6-28　打开素材图片

（21）单击鼠标左键将背景图片拖动到"banner 广告.psd"中，再把模特图片放置在背景的右侧，并适当调整大小，如图 6-29 所示。

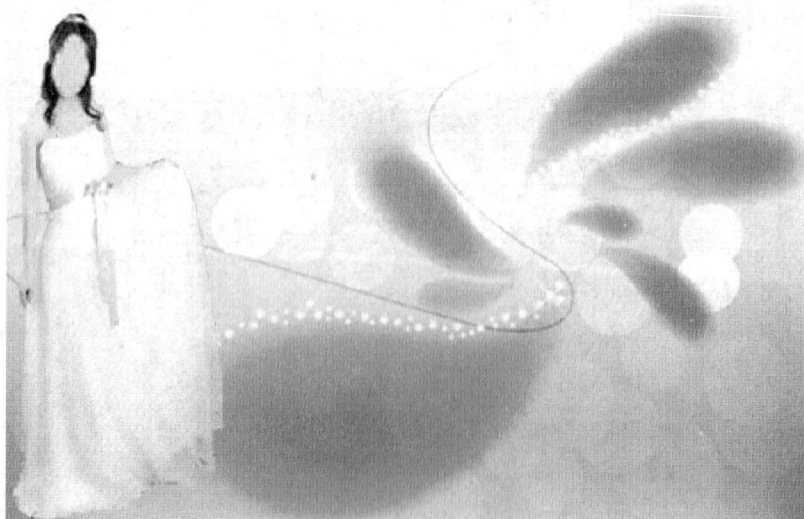

图 6-29　调整后的效果

（22）单击【横排文字】工具（T），在文字光标处输入"SUMMER"和"NEW ARRIVE"，选择"Impact"字体，分别设置"字体大小"为"106 点"和"62 点"，颜色设置为"#fb005a"，设置"取消锯齿的方法"为"锐利"，如图 6-30 所示。

图 6-30 输入文字

（23）单击【横排文字】工具（T），在文字光标处输入"夏装"和"新品"，分别选择"微软雅黑"和"迷你简菱心"字体，分别设置"字体大小"为"72 点"和"78 点"，颜色设置为"#ff7800"，设置"取消锯齿的方法"为"锐利"，如图 6-31 所示。

图 6-31 输入文字

(24) 单击【横排文字】工具（T）在文字光标处输入"THE MOST FASHIONABLE TEMPERAMENT OF THE SWEATER，THE TREND ALL-MATCH，LET YOU GO BACK AND MAKE A BURST RATE"英文小字说明，增强广告词排版的视觉效果，体现出时尚的理念，选择"Arial"字体，分别设置"字体大小"为"10点"，颜色设置为"#ff7800"，设置"取消锯齿的方法"为"锐利"，如图6-32所示。

图 6-32 输入文字

(25) 单击【椭圆】工具，前景色设置为"#d00000"，在"新品"右侧绘制一个圆形，如图6-33所示。

图 6-33 绘制圆形

（26）单击【矩形】工具，前景色设置为"#d00000"，在圆形的上部和左部切线处绘制正方形，如图 6-34 所示。

图 6-34 绘制正方形

（27）单击【横排文字】工具（T），在文字光标处输入"特惠价 68 元"，颜色设置为"#ffffff"，效果如图 6-35 所示。

图 6-35 输入文字

（28）Banner 广告设计完成，最终效果如图 6-36 所示。

图 6-36　最终的效果

职业能力训练

1. 常见 Banner 文字处理手法有哪些？

2. 为什么说网站 Banner 设计是整个网站设计中最重要的一部分？

观念应用训练

飞行的大雁

大雁有一种合作的本能，它们飞行时都呈 V 形。雁飞行时定期变换领导者，因为为首的雁在前面开路，能帮助它两边的雁形呈局部的真空。科学家发现，雁以这种形式飞行，要比单独飞行多出 12% 的距离。

合作可以产生 1+1>2 的倍增效果。据统计，诺贝尔获奖项目中，因协作获奖的占 2/3 以上。在诺贝尔奖设立的前 25 年，合作奖占 41%，现在则高居 80%。

启示：分工合作正成为一种工作方式的潮流被更多的管理者所提倡，如果我们能把容易的事情变得简单，简单的事情也会变得很容易，我们做事的效率就会倍增，合作就是简单化、专业化、标准化的一个关键，世界正逐步向简单化、专业化、标准化发展，于是合作的方式就理所当然地成了这个时代的产物。

一个由相互联系、相互制约的若干部分组成的整体，经过优化设计后，整体功能能够大于部分之和，产生 1+1>2 的效果。

思考：请问怎样合作才能产生 1+1>2 的效果？

情景模拟训练

根据教师提供的服装图片、背景以及文字说明等资料，利用 Photoshop CS2 软件设计一幅冬装主题的 Banner 广告图。

项目三

e购尚品商城系统日常业务

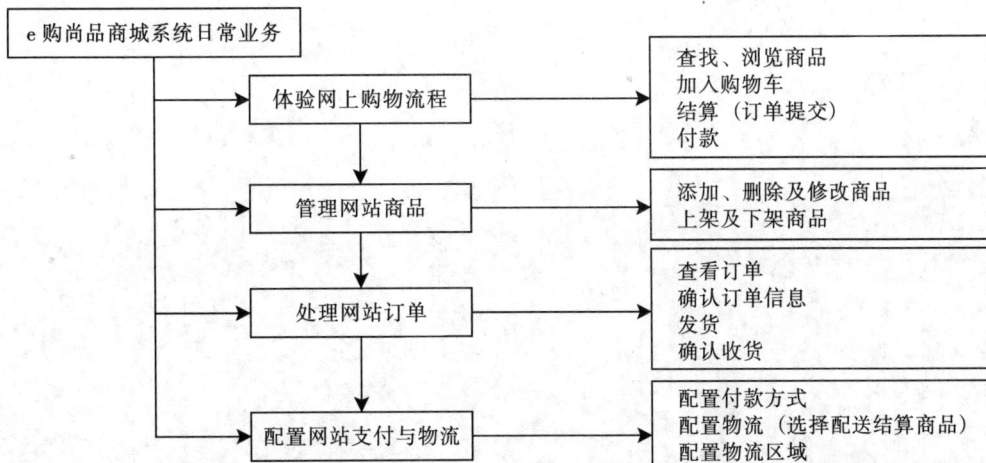

　　e购尚品商城网站架设完成及发布之后，网站已经能够有效地捕获并管理客户的反馈信息，同时能够挖掘相应的信息以供决策。为了确保该网站的正常运行，网站的日常管理工作就显得尤为重要。网站的日常维护和更新是网站具有生命力的保证，只有不断地更新信息，保证新鲜的信息交换，才能获得更多的访问量，得到更大程度上的关注。因此，本项目将以e购尚品商城为例，从熟悉商品购买流程、商品后台管理、网店订单处理、商品付款方式及物流配送方式配置四个方面深入地学习电子商务网站的日常管理业务。

项目导图

e购尚品商城系统日常业务：

```
e购尚品商城系统日常业务

    ├── 体验网上购物流程 ──→ 查找、浏览商品
    │                        加入购物车
    │                        结算（订单提交）
    │                        付款
    │
    ├── 管理网站商品 ──→ 添加、删除及修改商品
    │                    上架及下架商品
    │
    ├── 处理网站订单 ──→ 查看订单
    │                    确认订单信息
    │                    发货
    │                    确认收货
    │
    └── 配置网站支付与物流 ──→ 配置付款方式
                             配置物流（选择配送结算商品）
                             配置物流区域
```

学习目标

知识目标

（1）掌握网上购物的一般流程；

（2）掌握后台商品管理及商品上下架的处理方法与技巧；

（3）了解订单处理流程并掌握发货及确认收款的方法与技巧；

（4）学会根据网店实际情况设置付款方式及物流配送方式。

技能目标

（1）熟悉电子商务网站的购物流程；

（2）能独立进行后台商品管理及商品上下架处理；

（3）熟悉订单处理流程并具备商品订单处理实操能力；

（4）具备独立设置商品付款方式及物流配送方式的能力。

任务7 网上购物体验

任务目标

通过本任务实训，使学生了解 e 购尚品商城网上购物的一般流程，掌握网上购物的过程和方法。

项目任务书

任务名称	网上购物体验	任务编号		时间要求	分钟
要求	1. 注册 e 购尚品商城用户账号 2. 学会开通、使用网银和支付宝 3. 浏览网页并挑选商品 4. 利用站内搜索引擎快速查找商品 5. 熟悉网上购物的基本流程 6. 利用 e 购尚品商城进行网上购物体验				
重点培养的能力	信息查找能力、团队合作能力、总结归纳能力、学习及分析能力				
涉及知识	搜索引擎、个人网银、支付宝、第三方支付、阿里旺旺、购物车				
教学地点	教室、机房	参考资料	e购尚品商城系统		
教学设备	投影设备、投影幕布、电脑、互联网				

训练内容

1. 听教师讲解案例及相关的知识（时间约　　分钟）
2. 制订工作计划，了解团队要做什么，要达到什么样的目的（时间约　　分钟）；组长进行分工安排，每个人在自己的项目任务书相应栏进行记录（时间为　　分钟），组员开始行动
3. 分组确定网上购物体验时间分配：网上购物前期准备（时间约　　分钟），网上购物体验（时间约　　分钟）（注：网上购物前期准备包括开通个人网银或支付宝账户，注册 e 购尚品商城账户）
4. 分析不同支付方式的利与弊，归纳总结网上购物的基本流程

训练要求

在完成任务的过程中能通过自主学习完成开通个人网银或支付宝账户、注册 e 购尚品商城账户等网上购物前期工作；能够在规定的时间内完成网上购物全程体验；分析比较不同支付方式的利与弊，且能够在规定的时间内，归纳总结网上购物的基本流程；组长组织团队制订工作方案，组员之间相互协作，提升团队的团结协作能力

成果要求及评价标准

成果要求：需提交下列书面文件。

　　1. 本项目组成员的分工情况

　　2. 本项目组在完成 e 购尚品商城网上购物体验后，归纳总结网上购物的基本流程并绘制流程图

　　3. 从商家和顾客不同的角度比较分析不同支付方式的利与弊，并形成文字材料

评价标准：

　　1. 网上购物前期准备工作充分，网上购物体验流程顺畅，团队分工明确，能在规定时间内完成实训任务，且形成完整的文字资料

　　2. 网上购物前期准备工作比较充分，网上购物体验流程顺畅，团队分工明确，基本上能在规定时间内完成实训任务，且形成较为完整的文字资料

　　3. 网上购物前期准备工作还算可以，网上购物体验勉强完成，团队分工比较明确，实训任务完成效果一般，文字资料勉强通过

　　4. 网上购物前期准备工作不够充分，网上购物体验勉强完成，团队分工不明确，未能在规定时间内完成实训任务，文字资料不完整

符合上述标准 1，成绩为优秀，可得 90~100 分；符合标准 2，成绩为良好，可得 70~80 分；符合标准 3，成绩及格，可得 60~70 分；符合标准 4，成绩为不及格，得分 60 分以下；介于这几种标准之间的，可酌情增减分

续表

任务产出一	成员姓名与分工	成员	学 号	分 工
		组 长		
		成员1		
		成员2		
		成员3		
		成员4		
		成员5		
		成员6		
任务产出二	结合 e 购尚品商城网上购物体验，归纳总结网上购物的基本流程并画出流程图			
项目组评价			总分	
教师评价				

情景导入

"母亲节"快到了，小美想从网上为妈妈选购一款精美的连衣裙作为礼物，可是小美之前从未尝试过网上购物，更不清楚网上购物的基本流程及注意事项。请以 e 购尚品商城为例给小美介绍网上购物的基本流程。

（1）教会小美开通、使用网银和支付宝；

（2）教会小美注册 e 购尚品商城用户账号；

（3）教会小美如何选购商品；

（4）让小美熟悉 e 购尚品商城的购物流程；

（5）归纳总结网上购物的基本流程及注意事项。

知识链接

一、申请开通个人网上银行

在进行网上购物之前，要先开通个人网上银行以方便支付货款。下面以注册中国工商银行个人网银为例介绍如何开通个人网上银行。

方法1：登录中国工商银行网站（http://www.icbc.com.cn），点击左侧的【注册】，如图 7-1 所示，在弹出的"网上自助注册须知"窗口中，如图 7-2 所示，并单击【注册个人网上银行】

按钮，弹出"用户自助注册"页面，如图7-3所示，然后按照网页相关的提示进行自助注册。注册成功后即时开通网上银行服务。如需进行B2C电子商务交易，请在注册时选择开通"电子商务"功能，然后由您本人携带有效身份证件及已注册的牡丹卡到柜台申请口令卡或U盾，之后方可支付。

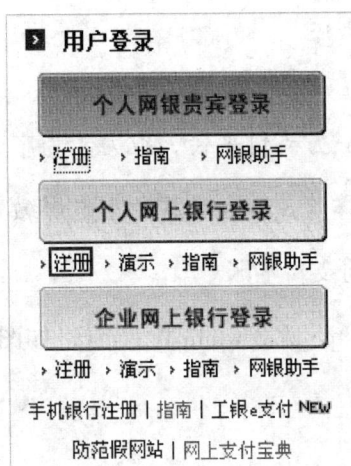

图7-1　注册个人网上银行

图7-2　网上自助注册须知

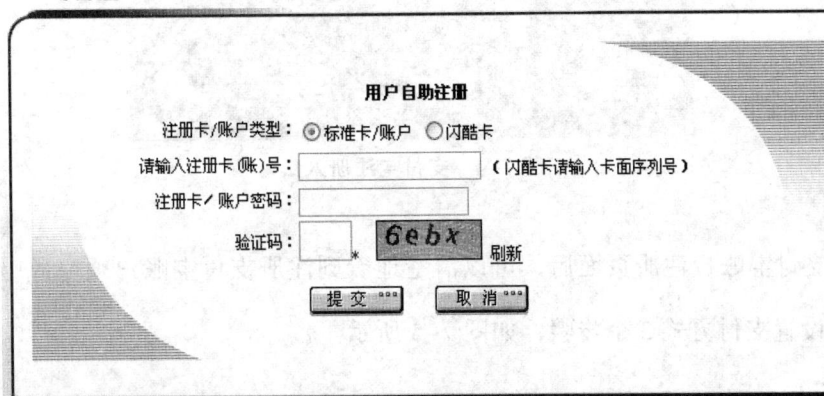

图7-3　用户自助注册

方法 2：请您本人持有效身份证件（开卡证件）及牡丹卡，到提供个人网上银行服务的网点柜面申请注册。如需通过网上银行向任意他人账户或本人非网银注册账户转账汇款或进行 B2C 在线购物，请一同开通网上银行的"对外转账功能"及"电子商务功能"，并同时申请口令卡或 U 盾，之后方可支付。

二、申请注册支付宝账户

支付宝是国内领先的独立第三方支付平台，致力于为广大用户提供安全快速的电子支付、网上支付、安全支付、手机支付体验及转账收款、水电煤缴费、信用卡还款、AA 收款等生活便民服务。下面介绍如何申请注册支付宝账号。

（1）登录支付宝官方网站（http：//www.alipay.com），如图 7-4 所示，单击"免费注册"按钮可进行支付宝账户注册。

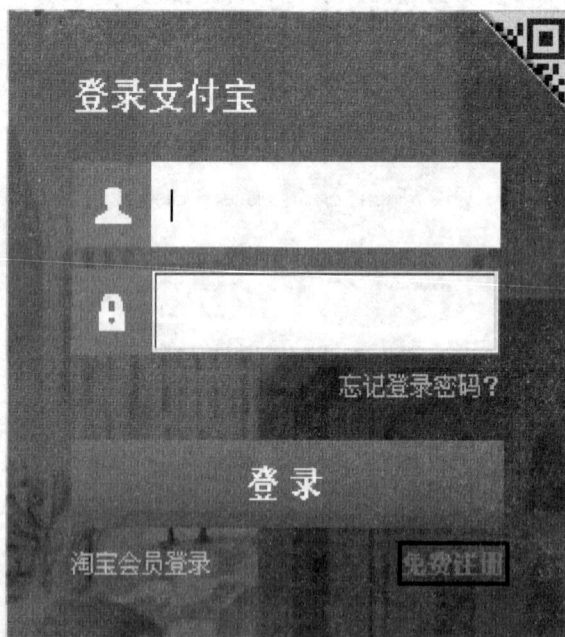

图 7-4　支付宝注册入口

（2）进入支付宝账户注册页面后，可以清楚地看到注册支付宝账户须完成验证账户名、设置身份信息及设置支付方式 3 个步骤，如图 7-5 所示。

图 7-5　验证账户名

（3）选择使用 E-mail（电子邮箱）方式注册，输入注册信息，并按照要求如实填写。

（4）正确填写注册信息后，点击【同意以下条款，并确认注册】，支付宝会自动发送一封激活邮件到您注册时填写的邮箱（请确保注册时填写的 E- mail 真实有效）。

（5）登录邮箱，点击邮件中的激活链接，激活注册的支付宝账户。账户激活后才可以登录，使用支付宝的众多功能及进行相应的功能设置。

三、注册 e 购尚品商城账户

在进行网上购物之前，一般要求注册一个账户。下面以 e 购尚品商城为例介绍如何注册用户账号。

（1）打开 e 购尚品商城网站首页，如图 7-6 所示，单击"注册"按钮即可进入新用户注册页面。

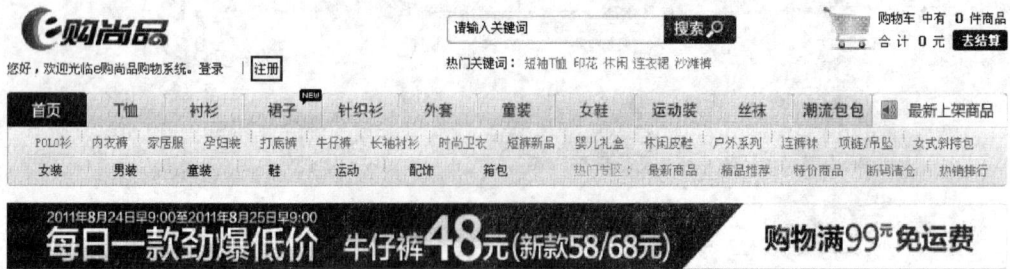

图 7-6　e 购尚品首页

（2）进入新用户注册页面后（见图 7-7），按要求认真填写相应信息，单击【完成注册】按钮，若信息有误，则按提示信息进行修改；若信息无误，则提示注册成功，如图 7-8 所示，注册完成。

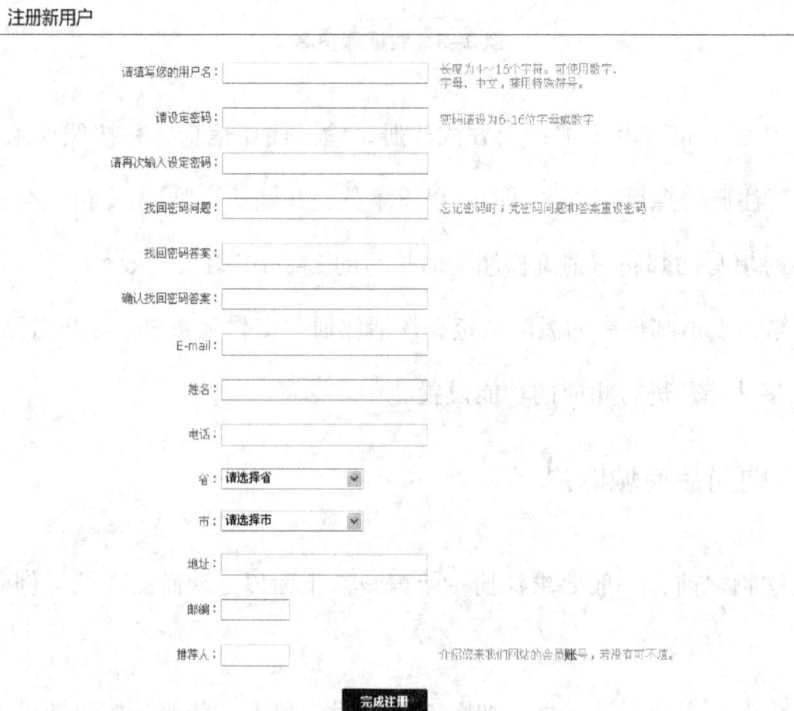

图 7-7　新用户注册

图 7-8　注册成功提示

思考

目前，网上购物的付款方式一般可分为货到付款、银行卡支付或邮局汇款、第三方支付（支付宝或财付通）三种方式，请你从商家和顾客两个不同的角度分析这三种付款方式的利弊。

应用案例

安装在线沟通工具——阿里旺旺（2014买家版）

阿里旺旺是将淘宝旺旺与阿里巴巴贸易通整合在一起的一个新品牌。它是淘宝和阿里巴巴为商人量身定做的免费网上商务沟通软件，分为买家版和卖家版，是淘宝官方唯一认可的在线沟通工具，同时阿里旺旺的聊天记录也是淘宝官方处理交易纠纷唯一认可的重要凭证。阿里旺旺是沟通商家与顾客的桥梁，通过阿里旺旺，可以实现商家与顾客的互动交流。下面阐述如何安装阿里旺旺（2014买家版）。

（1）登录阿里旺旺官网（http：//wangwang.taobao.com），选择"买家用户入口"下载阿里旺旺（2014买家版）软件，如图7-9所示。

图7-9　阿里旺旺下载入口

（2）进入阿里旺旺（2014 买家版）下载界面（见图 7-10），单击【立刻下载】按钮，在弹出的对话框中，单击【下载并运行】按钮（见图 7-11），系统将开始下载软件，软件下载完成后系统自行启动软件安装程序，用户只需按默认方式进行安装即可。

图 7-10　软件下载界面

图 7-11　软件下载对话框

（3）安装完毕后，运行阿里旺旺软件，在弹出的软件登录窗口，使用已有淘宝账号或注册一个新账号登录，如图 7-12 所示。

图 7-12　阿里旺旺登录窗口

名人名言

好的习惯是一笔财富，一旦你拥有它，你就会受益终生。养成"立即行动"的习惯，你的人生将变得更有意义。

——比尔·盖茨

任务示范

体验网上购物流程

（一）登录 e 购尚品商城

打开 IE，在 IE 浏览器的地址输入 e 购尚品商城的网址并按回车键，进入 e 购尚品商城网站页面，如图 7-13 所示。

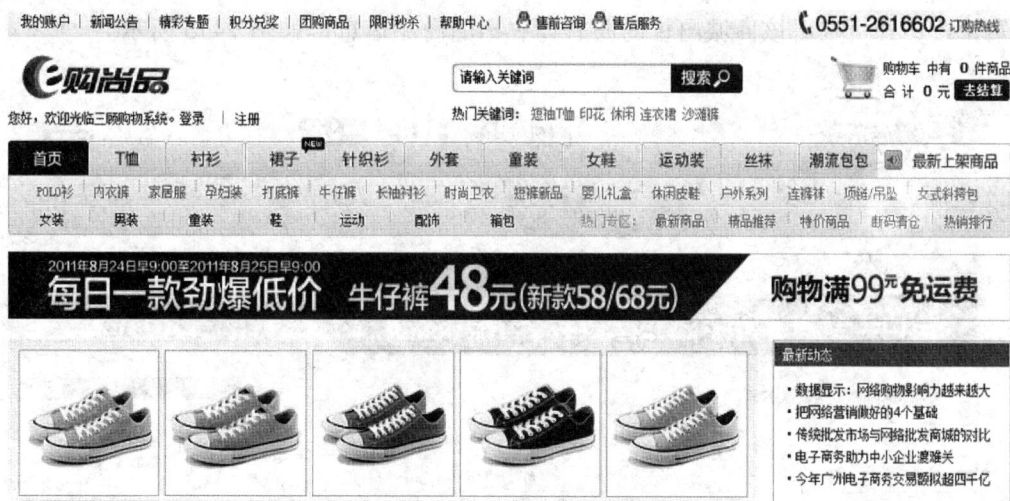

图 7-13 e 购尚品商城首页

（二）浏览网页，选购商品

进入 e 购尚品商城后，顾客可以通过网站的商品类目和站内搜索引擎快速查看商品信息。例如，单击商品类目栏上的【裙子】，网页将显示该商城的所有裙子产品以供顾客查看及选购，如图 7-14 所示。

图 7-14 "裙子"产品页面

下面重点介绍如何利用站内搜索引擎快速地查找商品，并查看商品详细信息。

（1）搜索商品：如果顾客想购买连衣裙，则只需在搜索框内输入关键字"连衣裙"，然后单击【搜索】按钮即可查看该商城出售的所有连衣裙的商品信息，如图 7-15 所示。

图 7-15 "连衣裙"商品列表

（2）查看商品：在图 7-15 所示的商品列表中，单击商品的图片或商品标题即可查看商品的详细信息。如查看"浪漫夏日碎花连体短裤"的商品信息，单击该商品的图片即可，如图 7-16 所示。

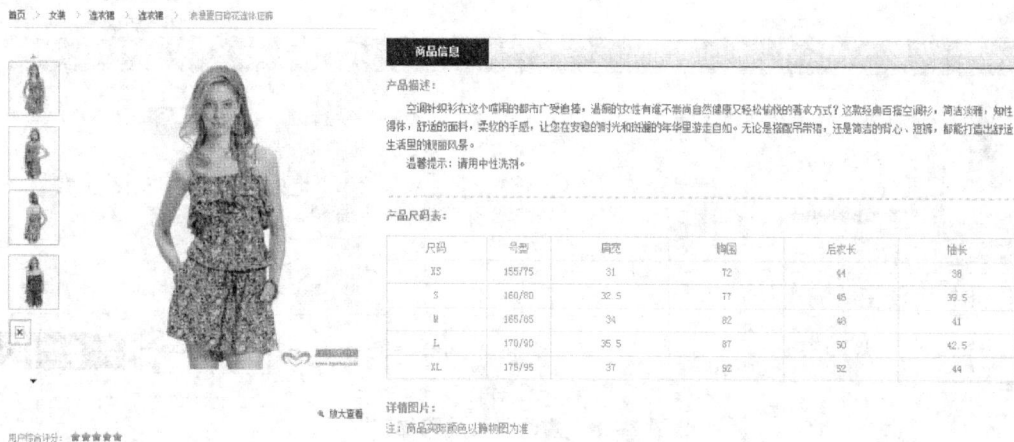

图 7-16　商品详细信息

（三）放入购物车

经过查看和比较商品信息后，将喜欢的商品放入购车物。

（1）放入购物车：选择商品的颜色、尺码，然后单击【放入购物车】按钮即可，如图 7-17 所示。

图 7-17　商品放入购物车

（2）修改我的购物车：根据实际情况可在"我的购物车"中修改购买商品数量、清空购物车或继续购物等操作，如图 7-18 所示。

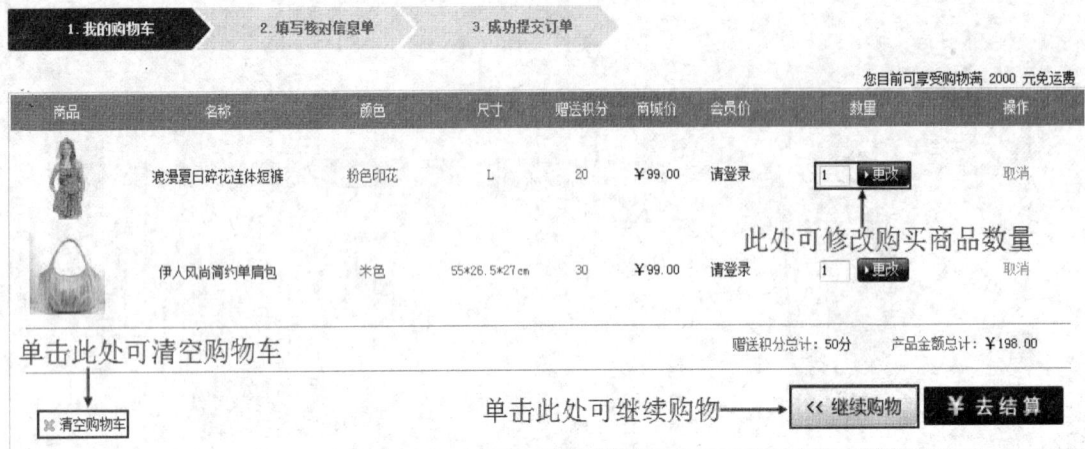

图 7-18　修改"我的购物车"

（四）下单结算

单击图 7-18 中的【去结算】按钮，弹出如图 7-19 所示窗口。如果顾客已有注册账号，直接输入账号登录即可；如果尚未注册，则须先注册账号，然后再登录网站填写核对信息单。

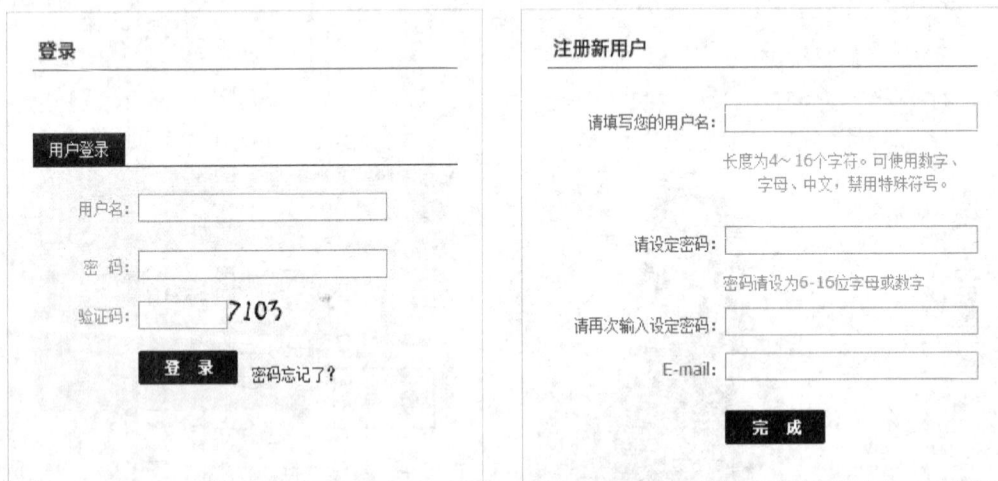

图 7-19　登录、注册新用户界面

（五）信息单

信息单包括产品清单、订货人信息、配送方式、付款方式、附加说明、使用礼品卡、开发票等相关内容，这些内容均需要顾客在提交订单之前认真核对。

（1）核对购买产品清单，如果信息有误，请单击【回到购物车，修改产品】按钮进行修改，如图 7-20 所示。

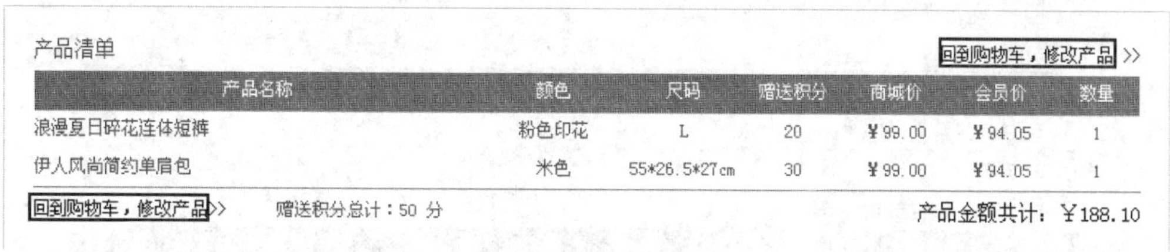

图 7-20　核对订购产品清单

（2）核对订货人信息，为确保顾客能够及时准确地收到订购商品，必须认真填写并核对带 * 项的相关信息，如图 7-21 所示。

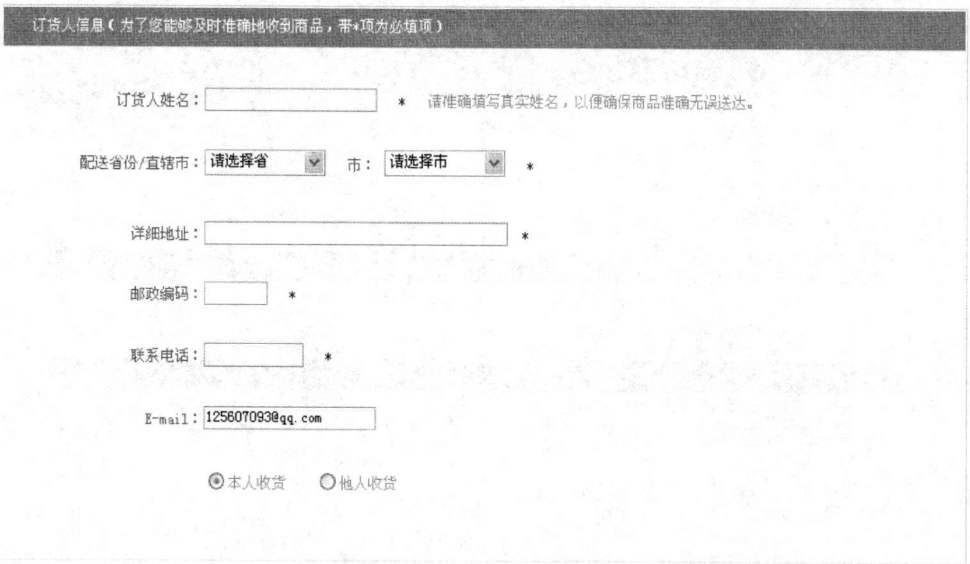

图 7-21　核对订货人信息

（3）根据实际情况，选择适合的物流配送方式，如图 7-22 所示。

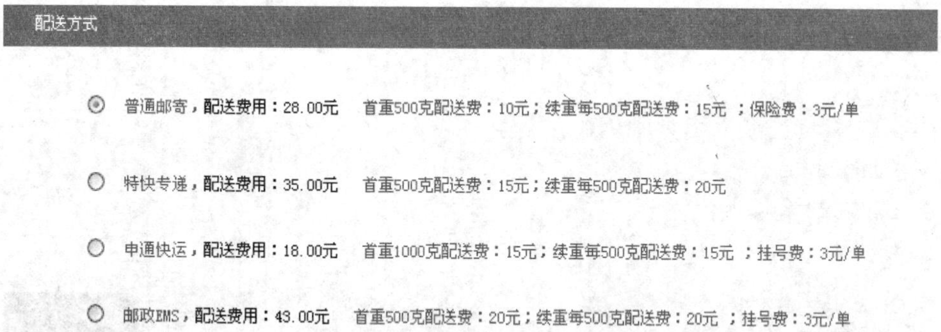

图 7-22　选择物流配送方式

（4）e购尚品商城提供了多种付款方式，顾客可根据实际情况选择适合的付款方式，如图 7-23 所示（建议采用支付宝或腾讯财付通付款）。

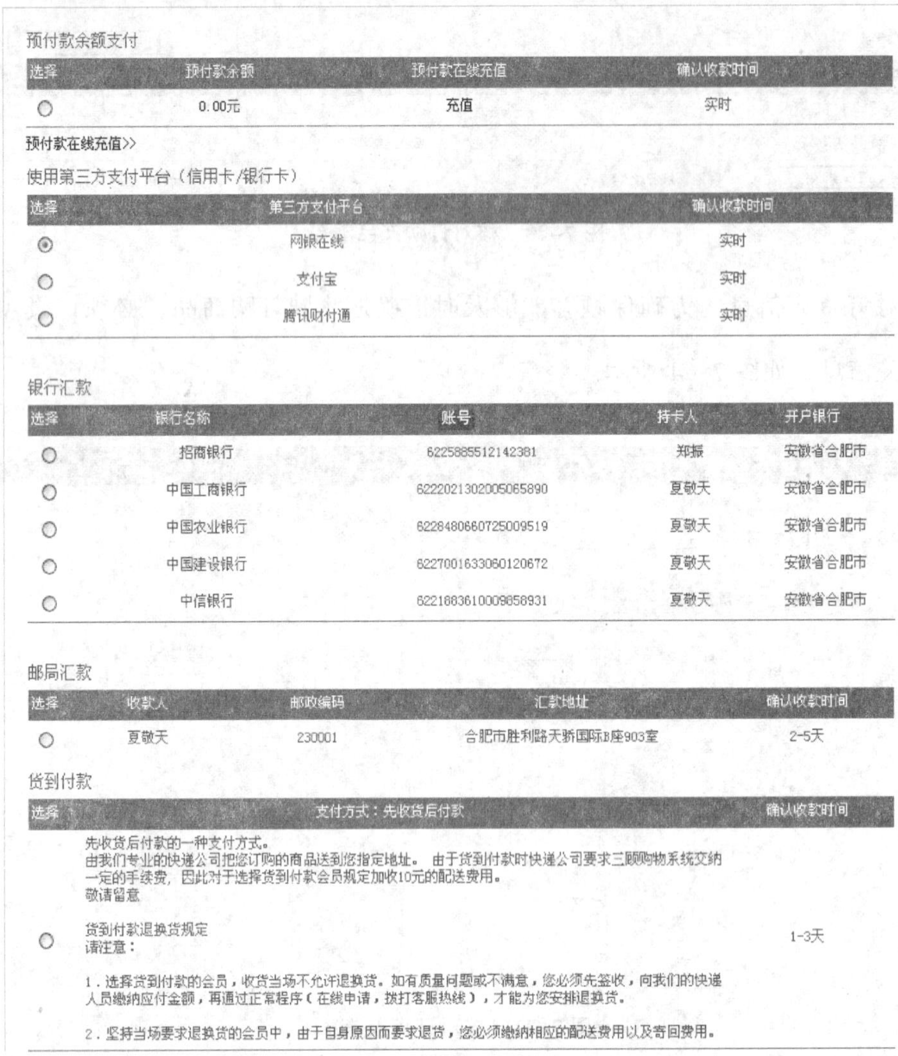

图 7-23　选择付款方式

（5）填写及核对其他信息，如附加说明、礼品卡使用、开发票等，可按实际需求设置，如图 7-24 所示。

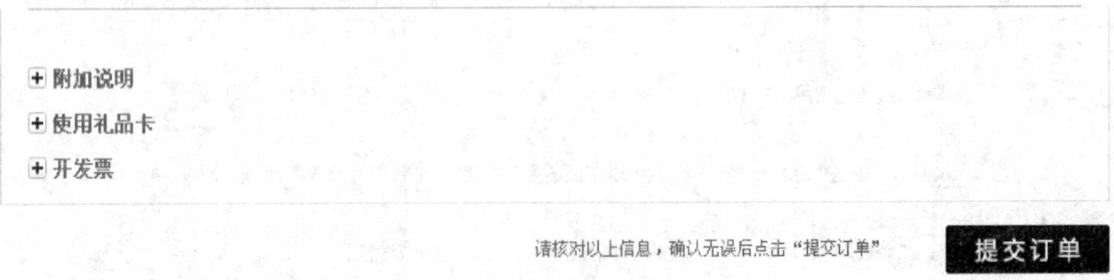

图 7-24　填写核对其他信息

（6）上述所有信息填写核对无误后，单击图7-24所示的【提交订单】按钮提交订单。订单提交成功页面如图7-25所示。至此购物完成，等待收货。

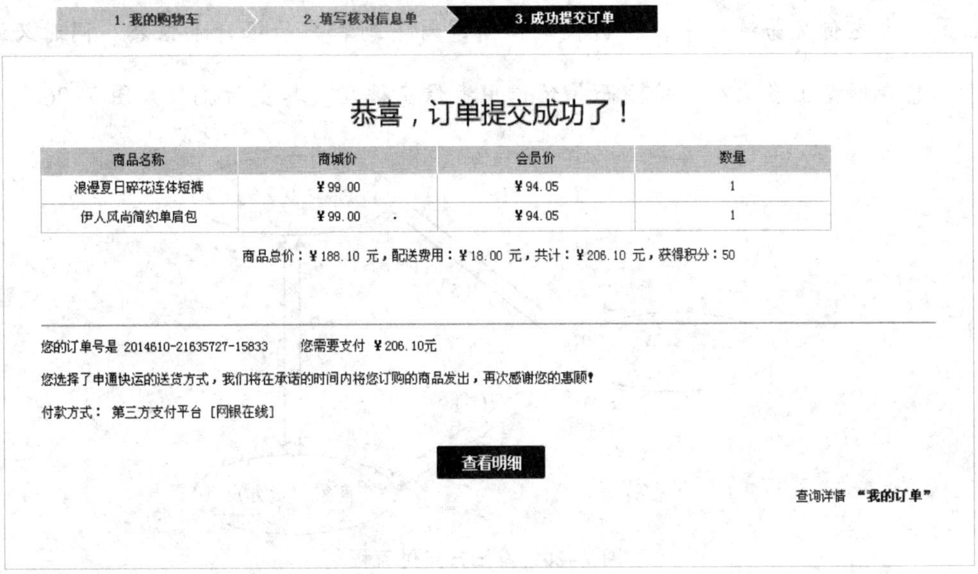

图7-25 订单提交成功

知识拓展

1. 第三方支付的含义

第三方支付就是指具备一定实力和信誉保障的独立机构，采用与各大银行签约的方式，提供与银行支付结算系统接口的交易支持平台的网络支付模式。例如，支付宝、财付通就是我国使用最广、实力较为雄厚的第三方支付平台。

2. 第三方支付的特点

（1）支付中介：资金间接转移，降低成本。

（2）技术中间件：数据加密传输，多支付通道。

（3）信用保证：避免交易欺诈、抵赖，交易纠纷。

（4）个性化与增值服务：创新商业模式。

3. 第三方支付的优点

（1）提供统一应用接口。

（2）帮银行节省网关开发费用。

（3）节省交易双方成本，节约能源，降低社会交易成本。

4. 第三方支付的支付流程

在第三方支付交易流程中，支付模式使商家看不到客户的银行卡信息，同时又避免了银行卡信息在网络上多次公开传输而导致信用卡信息被窃。其支付流程如图7-26所示。

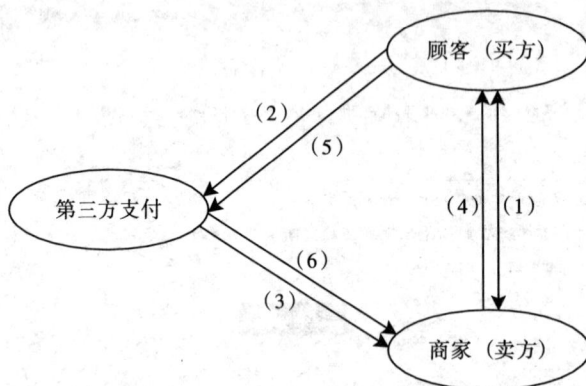

图7-26　第三方支付流程

（1）客户在电子商务网站上选购商品，最后决定购买，买卖双方在网上达成交易意向。

（2）客户选择利用第三方作为交易中介，客户用信用卡将货款划到第三方账户。

（3）第三方支付平台将客户已经付款的消息通知商家，并要求商家在规定时间内发货。

（4）商家收到通知后按照订单发货。

（5）客户收到货物并验证后通知第三方。

（6）第三方将其账户上的货款划入商家账户中，交易完成。

职业能力训练

1. 目前国内第三方支付公司中，（　　）的用户规模最大。

A. 支付宝 　　　　　　　　　　B. 银联

C. 首信易 　　　　　　　　　　D. 财付通

2. 支付网关模式中，不属于B2C支付交易流程的主体的是（　　）。

A. 卖家 　　　　　　　　　　　B. 支付平台

C. 购物网站 　　　　　　　　　D. 买家

3. 以支付公司作为信用中介，在买家确认收到商品前，代替买卖双方暂时保管货款的第三方支付模式是（　　）。

A. 间付型账户支付模式　　　　　B. 直付型账户支付模式

C. 支付网关模式　　　　　　　　D. 银联电子支付

4. 在第三方支付方式中，不是买家面临的安全问题的是（　　）。

A. 卖方发布虚假信息　　　　　　B. 泄露隐私信息

C. 卖方不履行服务承诺　　　　　D. 恶意退货

👍 观念应用训练

狮子和羚羊的家教

　　每天，当太阳升起来的时候，非洲草原上的动物就开始奔跑了。狮子妈妈在教育自己的孩子："孩子，你必须跑得快一点，再快一点，你要是跑不过最慢的羚羊，你就会被活活地饿死。"在另外一个场地上，羚羊妈妈也在教育自己的孩子："孩子，你必须跑得快一点，再快一点，如果你不能比跑得最快的狮子还要快，那你就肯定会被它们吃掉。"

　　思考：请问这个故事告诉我们怎样的哲理？

👍 情景模拟训练

　　请登录淘宝网，注册淘宝账户，并利用之前注册的支付宝账户在淘宝网选购一种学习用具。如果在淘宝网购物过程中遇到任何产品问题及交易相关的其他问题，请使用阿里旺旺及时与商家沟通交流并协商解决。

思维拓展训练

1. 他们的职业分别是什么？

小王、小张、小赵是好朋友，他们中一个人下海经商、一个人考上了重点大学、一个人参军了。此外他们还知道以下条件：小赵的年龄比士兵大；大学生的年龄比小张小；小王的年龄和大学生的年龄不一样。请推算出这三个人中谁是商人？谁是大学生？谁是士兵？

2. 桌子分别是什么价格？

一家家具店有三种桌子，其价格分别如下：

（1）它们的单价各不相同；

（2）它们的单价加起来 4000 元；

（3）第二种桌子比第一种桌子便宜 400 元；

（4）第三种桌子的单价是第二种的 2 倍。

那么这三种桌子的单价各是多少？

任务8　商品管理

任务目标

通过本任务实训，使学生了解e购尚品商城的后台商品管理工作内容，掌握后台商品管理特别是商品上架的方法与技巧。

项目任务书

任务名称	商品管理	任务编号		时间要求	分钟
要求	1. 掌握e购尚品商城商品管理流程 2. 掌握商品定价的方法与技巧 3. 学会制作商品详情页 4. 学会添加、修改、删除商品 5. 学会上架/下架商品 6. 掌握商品标题优化的方法与技巧				
重点培养的能力	信息查找能力、团队合作能力、图片处理能力、归纳总结能力				
涉及知识	商品定价、商品标题优化、色彩搭配、图像处理、商品详情页制作				
教学地点	教室、机房	参考资料	e购尚品商城系统		
教学设备	投影设备、投影幕布、电脑、互联网				

训练内容

1. 听教师讲解案例及相关的知识（时间约　　分钟）
2. 制订工作计划，了解团队要做什么，要达到什么样的目的（时间约　　分钟）；组长进行分工安排，每个人在自己的项目任务书相应栏进行记录（时间为　　分钟），组员开始行动
3. 分组确定商品发布及管理的时间规划：收集商品图片及文字资料（时间约　　分钟），商品详情页制作（时间约　　分钟），商品发布及管理（时间约　　分钟）
4. 提出商品标题优化方案

训练要求

在完成任务的过程中能主动收集商品图片及文字资料，对商品图片进行美化处理及制作商品详情页，自主学习并了解商品发布流程及商品标题优化相关知识，掌握发布商品的相关操作及商品管理的方法与技巧；团队制订了工作方案，充分发挥团队协作精神，在规定时间内完实训任务，工作见成效

成果要求及评价标准

成果要求：需提交下列书面文件。
  1. 本项目组成员的分工情况
  2. 本项目组根据收集的商品图片及文字资料制作商品详情页
  3. 初步制订商品标题优化方案

评价标准：
  1. 商品图片处理恰当，商品定价合理，商品详情页制作精美，形成商品标题优化方案，商品管理各项操作熟练，能在规定时间完成实训任务
  2. 商品图片处理较好，商品定价合理，商品详情页制作较好，初步形成商品标题优化方案，商品管理各项操作较熟练，能在规定时间完成实训任务
  3. 商品图片处理一般，商品定价较为合理，商品详情页制作一般，基本上形成商品标题优化方案，商品管理各项操作较熟练，基本上能在规定时间完成实训任务

4. 商品图片处理水平有待提高，商品定价较为合理，商品详情页制作马虎，没有形成商品标题优化方案，商品管理各项操作勉强过关，未能在规定时间完成实训任务

符合上述标准 1，成绩为优秀，可得 90~100 分；符合标准 2，成绩为良好，可得 70~80 分；符合标准 3，成绩及格，可得 60~70 分；符合标准 4，成绩为不及格，得分 60 分以下；介于这几种标准之间的，可酌情增减分

任务产出一	成员姓名与分工	成　员	学　号	分　工
		组　长		
		成员 1		
		成员 2		
		成员 3		
		成员 4		
		成员 5		
		成员 6		
任务产出二	制作商品详情页及制订商品标题优化方案			

项目组评价		总分	
教师评价			

情景导入

由于工作表现出色，小宝最近晋升为 e 购尚品商城的后台管理员，主要负责管理本商城的后台商品信息数据的维护与更新。为了更好地适应新工作及保证 e 购尚品商城商品信息更新及时、无误，小宝积极主动地向经验丰富的管理员讨教如何进行商品的后台数据管理以及商品修改、上下架处理的方法与技巧。

思考：作为一名网站管理员，你如何指导小宝进行商品信息管理及商品上下架处理？

知识链接

一、商品定价

经营管理网店，要经常维护和更新网站的商品信息，发布新品（也称新品上架）就是其中一项重要的工作。通常在新品发布之前，一般都要为新品制定合理的价格。新品定价太高，无人问津；定价太低，损害商品的形象和自身的利润，最后赔本赚吆喝。那么，如何才能合理地为新品定价呢？

（一）精确定位新品的目标客户

目标客户是决定产品价格区间的关键因素。如今商家经常抱怨网上商品价格透明、店铺难做、品牌同质化竞争激烈。为何商家会有如此抱怨，问题的关键在于商家忽略了目标客户的偏好。价格透明仅仅是因为图片相同、服务相似、产品功能相同，那么目标客户定位就不会有区别。想要合理地定位目标客户，就要去分析他们的偏好与消费心理，结合这些创造差异化的图片、个性化的服务、针对性的功能需求，分析目标客户喜欢的价格区间来完成商品定价。因此，精准的目标客户定位决定商品定价。

（二）估算商品的各项成本

商品定价的原则：商品价格=各项成本+利润，所以商品定价的前提是先要估算商品的各项成本。网店商品各项成本一般包括平台运营成本、推广成本、人员成本、商品自身成本及售后成本。

（三）确定一个利于搜索排名的精准价格

在商品精准定价之前，除了完成上述两项工作，还要深入分析目标客户喜爱的价格区间，且要在这个区间内选择一个最合理价格（最合理价格的含义包含能更容易被搜索引擎搜索到）。如对于一个中低端的消费群体来说，中低端价格区间的价格最容易被搜索到。所以在设置价格时，除了考虑成本和毛利率外，还要考虑搜索的曝光率。假设是50~150元这个区间，商品价格设定在70元左右就比较合理，也比较容易被搜索引擎筛选到并主动将商品推送给目标客户。

定价是一项细致的工作，这三大方面是进行商品定价时必须要考虑的，当然要实现不同的销售目标，定价策略也会出现不同的细微变化，这个大家要灵活应变。

二、商品上架

（一）商品上架的含义

商品上架是指将商品信息在购物网站上发布销售，商品上架后，买家可以在购物网站上查看该商品的详细信息，然后购买。商品上架一般可分为两种：一种是新品发布，另一种是下架商品重新上架。

（二）商品上架的流程

经营管理网店，要经常维护和更新网站的商品信息，发布新品（即商品上架）就是其中一项重要的工作。总的来说，发布新品一般要执行以下几个步骤：

（1）拍摄商品图片（或从其他途径获取商品图片）并对图片进行细致的处理。

（2）估算商品成本，精确定位商品价格。

（3）收集商品信息及文字资料，拟定商品标题关键词，制作商品详情页。

（4）登录网站，按商品发布规则和要求进行新品发布操作。

三、商品下架

（一）商品下架的含义

商品下架是指将商品信息从购物网站的购买页上移除，商品下架后将不在购物网站购买页出现，只有网站管理员或货主本人（即商家）才能查看该商品的相关信息。下架是相对商品上架而言的，根据需要，下架后的商品也可以重新上架。

（二）商品下架的原因

商品被下架的原因很多，但是综观各大购物网站，商品下架原因大概可分为以下几种：

（1）商品缺货或停产。

（2）上架时间到期自动下架。

（3）重复铺货。

（4）违反购物网站商品发布规则。

（5）商品质量不符合行业或国家标准，遭遇多次投诉。

（6）发布的商品属于国家禁售行列。

四、商品标题优化

好的商品标题不仅可以让商品更容易出现在搜索页面，帮我们拉来更多顾客，而且它还能让顾客在进店浏览时更容易了解到商品的名称和重要特征。如果标题中存在顾客感兴趣的信息，则顾客购买的概率会更大；如果店铺中商品标题优化的关键词比较丰富，传达给顾客的信息量足够大，则可以增加顾客对店铺的印象，再次购买的可能性也就比较大。在进行商品标题优化之前，我们先了解商品标题设置不太合理的情况。

（一）设置不合理的商品标题

（1）标题范围太广泛、太简单，缺少品牌、服务、承诺。如女泳衣、沙滩裤、耐克鞋、手袋、凉鞋等，类似这些商品标题只有名称，缺少吸引顾客的特征词汇，难以吸引顾客的眼球。

（2）关键词重复。如冬季女鞋/女鞋特卖/女款冬季女鞋，顾客只有搜索了这些少量的关键词才能进入我们的店铺，所以很难引来更多的顾客。

（3）商品标题毫无逻辑，关键词无核心。如图腾、图案、潮人、新款、手绘、连衣裙，顾客读了这样的标题不仅摸不着头脑，而且还会造成阅读困难，从而不能激起顾客的浏览兴趣。

（4）无断句。如丸美雪肌樱花美白洁面泡沫乳不拆包装不刮码消保店铺/正品保证，一个由一些不太相关的词汇组成的近 30 个汉字的商品标题，顾客读起来不仅吃力，而且也难以理解标题表达的意思。

（二）商品标题优化

针对以上不合理的商品标题设置，再从顾客对商品标题想了解的 20 项商品信息入手进行商品标题优化组合。

（1）商品名称。如女包、凉鞋、T 恤等。

（2）服务。如七天包退、送货上门等。

（3）承诺。如假一赔十、无效退款等。

（4）商标品牌。如丹比奴、佐丹奴等。

（5）信用。如商城信誉等。

（6）型号。如 D6312412403 等。

（7）物流。如顺丰直达等。

（8）促销。如当季热包、限时特价等。

（9）价格。如买 300 送 50、满 200 送 20 等。

（10）季节。如 2013 夏季新款等。

（11）布料。如真皮、牛皮等。

（12）风格。如流苏、铆钉等。

（13）颜色。如红、黄、蓝、白等。

（14）功能。如手提包、单肩、斜挎、手提后背等。

（15）年龄。如少女系列等。

（16）职业。如 OL 系列等。

（17）渠道。如新品上市、出口、日单，专柜发货等。

（18）款式。如牛皮缝线包、编织包、格纹包、帆布包、拼接包、机车包等。

（19）形状。如水桶形、特大等。

（20）优惠折扣。如 6 折等。

以上每一点都可以列出很多，当我们列出清单后，自由组合，不费吹灰之力，就能写出成千上万含关键信息的优质标题，如以（4）、（11）、（14）、（6）、（13）、（20）就能写出一个好的商品标题：丹比奴 真皮 牛皮 单肩 斜跨 两用 女包 灰色 6 折。

资料来源：http：//wenku.baidu.com/view/b2b2f0d476a20029bd642d3f.html?re=view.

五、商品详情页制作

商品详情页（也称宝贝描述页）是商家和顾客接触的最后一站，如何在这最后一站抓住顾客，就要看商品详情页上有没有打动顾客的亮点。因此，商品详情页是直接决定交易能否达成的关键因素。下面就以某一款服装商品为例介绍商品详情页制作的方法与技巧。

（一）商品详情页制作流程

爆款推荐→潮流趋势→产品指数→设计细节→面料展示→多色展示→商品图片→模特展示→尺码参考→购买须知。

（二）制作流程展示

（1）制作爆款推荐，如图 8-1 所示。

图 8-1　爆款推荐

（2）制作潮流趋势，如图 8-2 所示。

图 8-2　潮流趋势

（3）制作产品指数，如图 8-3 所示。

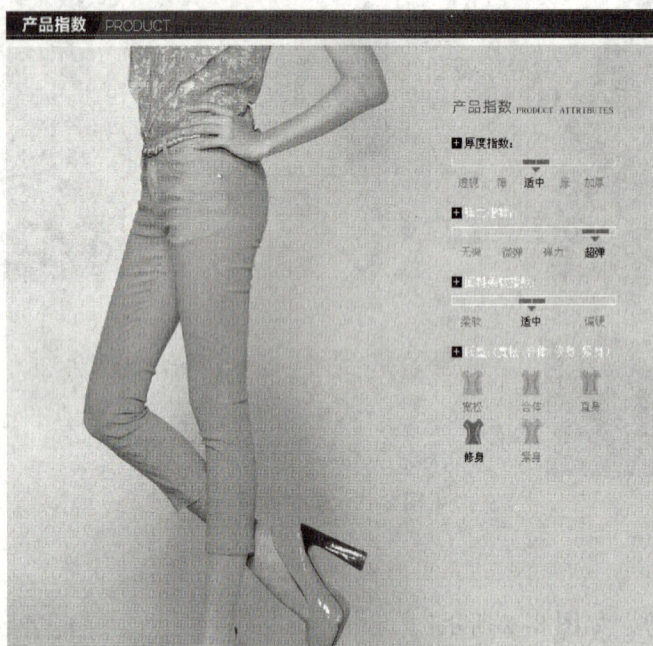

图 8-3　产品指数

（4）制作设计细节，如图 8-4 所示。

图 8-4　设计细节

（5）制作面料展示，如图 8-5 所示。

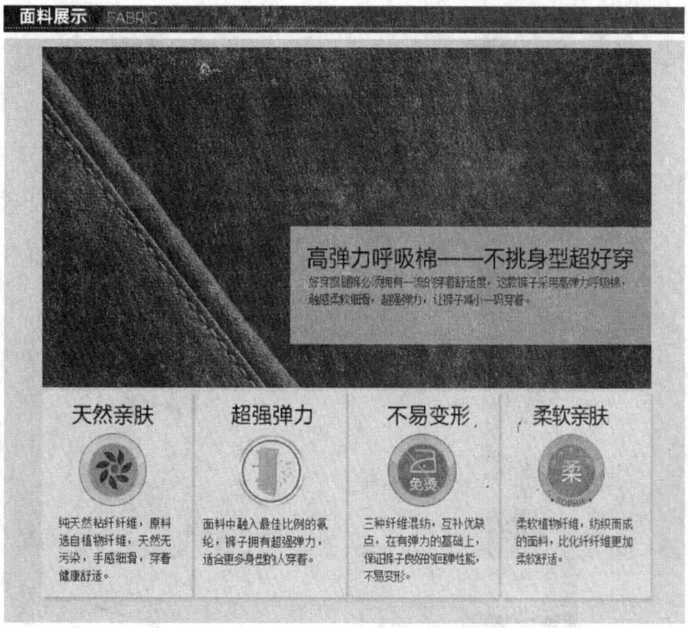

图 8-5　面料展示

（6）制作多色展示，如图 8-6 所示。

图 8-6　多色展示

（7）制作商品图片（或模特展示），如图 8-7 所示。

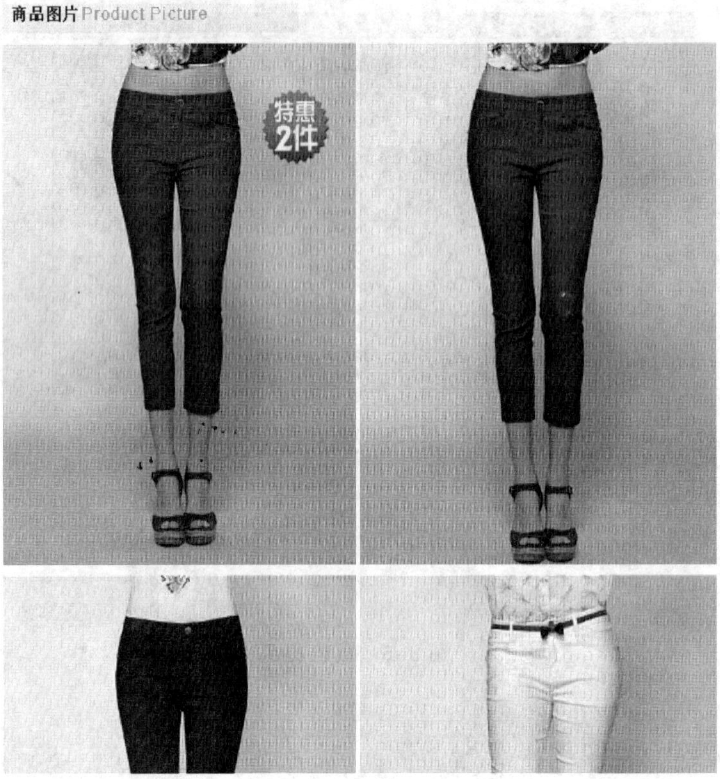

图 8-7　商品图片

思考

发布商品时，要设置商品标题，商品标题的好坏直接影响商品搜索排名。一个好的标题不仅可以带来更多的流量，而且还可以带来更多的订单。那么，如何设置商品标题才能增加商品曝光率呢？

应用案例

新品发布

（1）打开 e 购尚品商城后台管理页面，在登录页面输入用户名、密码及路径，如图 8-8 所示，点击【登录】按钮即可进入系统管理首页。

（2）进入系统管理首页后，在其左侧清晰地列出系统管理的内容栏目，如图 8-9 所示。

图 8-8　登录后台管理中心

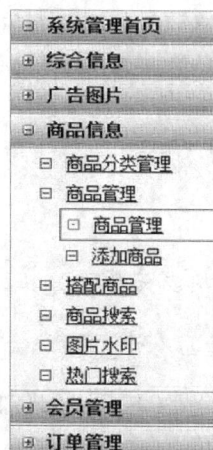

图 8-9　系统管理首页

（3）在图 8-9 系统管理栏目中，依次点击【商品信息】→【商品管理】→【添加商品】，则系统会自动打开添加新商品页面，如图 8-10 所示。

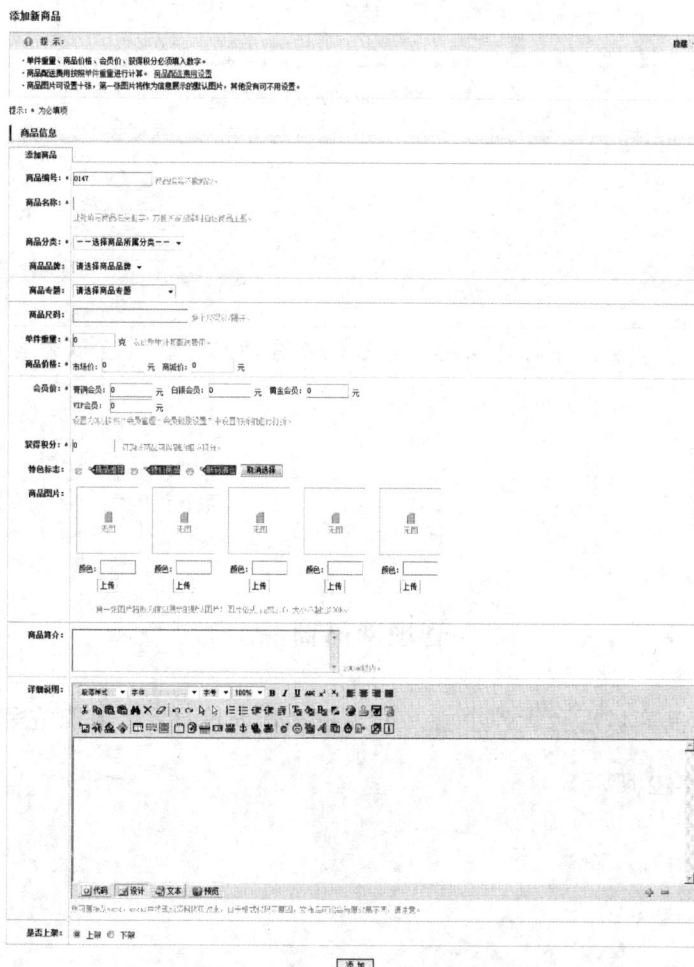

图 8-10　添加新商品页面

（4）在图 8-10 中显示的添加新商品页面按要求填写新商品的相关信息，其中带红色 * 符号为必填项目，商品编号由系统自动生成，不可修改。为更好地展示新商品特性及方便顾客全面了解新商品，建议在此一定要上传商品图片及认真填写商品简介和商品详细说明。

（5）信息填写完毕后，在"是否上架"选项中选择"上架"，然后点击【添加】按钮，若相关信息填写有误，系统会提示出错信息，继续修改并更正错误信息；若信息填写无误，则系统自动弹出商品添加成功提示信息，如图 8-11 所示，商品发布完毕。

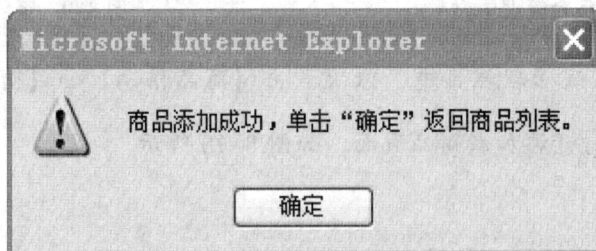

图 8-11　商品添加成功提示信息

名人名言

一个人失败的最大原因，是对自己的能力缺乏充分的信心，甚至以为自己必将失败无疑。

——富兰克林

任务示范

管理网站商品

（1）登录 e 购尚品商城后台管理中心，进入系统管理首页后，在其左侧清晰地列出系统管理的内容栏，如图 8-12 所示。

图 8-12　系统管理首页

（2）在图 8-12 中，依次点击【商品信息】→【商品管理】则可以清晰地看到"商品管理"包括"商品管理"和"添加商品"两项内容，如图 8-13 所示，其中添加商品的相关操作流程可参照前面的案例应用"新品发布"的步骤（3）~（5），这里不再赘述，下面重点介绍商品管理。

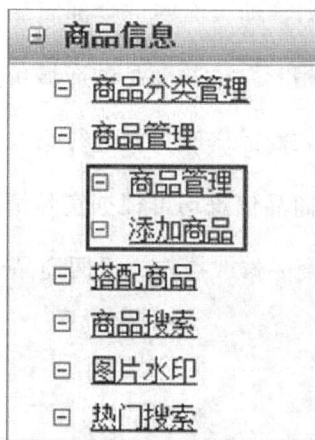

图 8-13　商品管理栏目

（3）点击图 8-13 中的【商品管理】，进入销售商品管理页面，如图 8-14 所示，在此可以查看该商城的全部商品、推荐商品、特价商品、清仓商品、上架商品及下架商品的具体情况，除此之外，还可以进行商品的修改、提升、下架/上架及删除等相关操作，如图 8-15 所示。

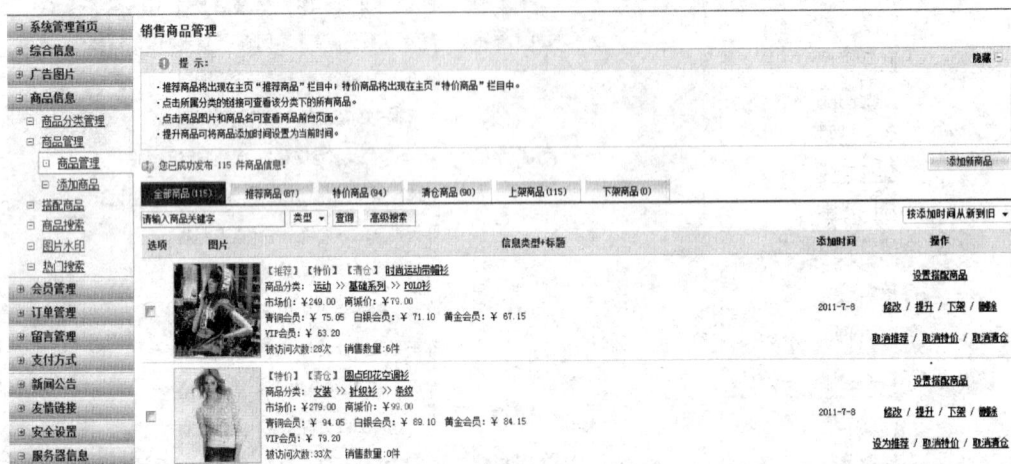

图 8-14 销售商品管理页面

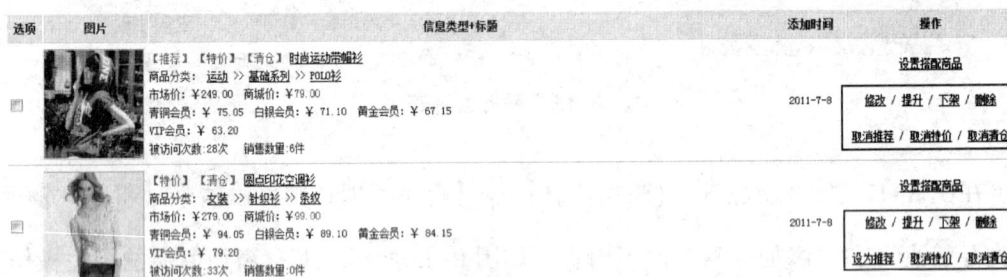

图 8-15 销售商品操作选项

（4）修改商品信息：在销售商品管理页面的"全部商品"中任选一款商品，例如，为了回馈顾客，商城决定将"时尚运动带帽衫"这款商品的商城价从原来的 79 元降到 76 元，点击商品图片左侧的【修改】按钮即可进入商品修改页面进行修改操作，如图 8-16 所示。在此页面，除了商品编号不可修改之外，其他商品信息均可根据实际情况进行相应的修改操作，信息修改完后，点击【修改】按钮即可完成商品修改操作，返回商品列表页面。

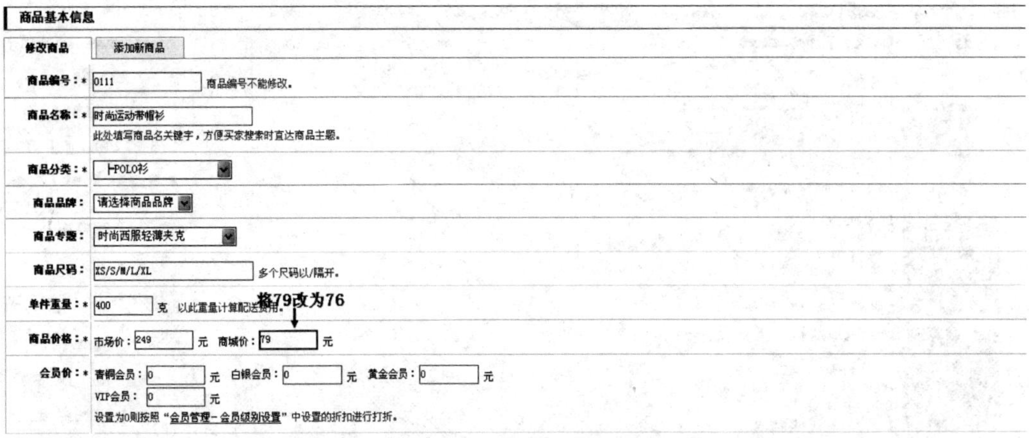

图 8-16　修改商品信息

（5）提升商品位置。如果要将某一款商品在商品列表的位置提前，可以找到该款商品，点击该款商品右侧的【提升】按钮即可将该商品在商品列表的位置提前，如图 8-17 所示。

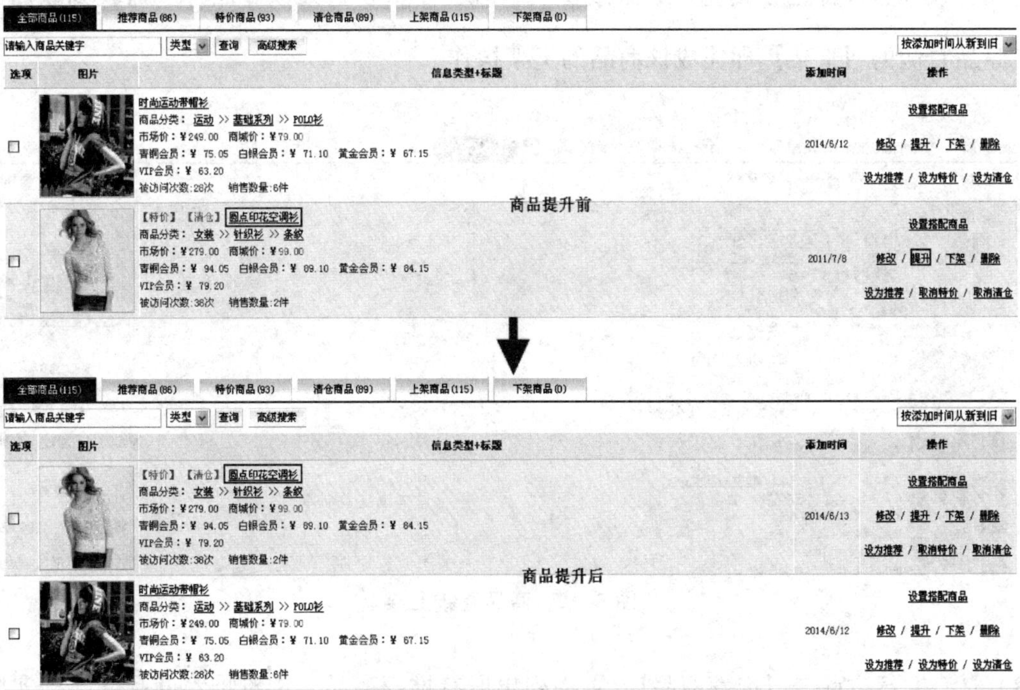

图 8-17　商品提升效果示意

（6）商品下架。点击【上架商品】，页面列出所有已上架的商品，浏览上架商品并根据实际情况选择一款商品进行下架操作。如图 8-18 所示，假设"圆点印花空调衫"这款商品停产，现在要下架该商品，只需找到该商品，并点击该商品右侧的【下架】即完成该商品的下架操作。

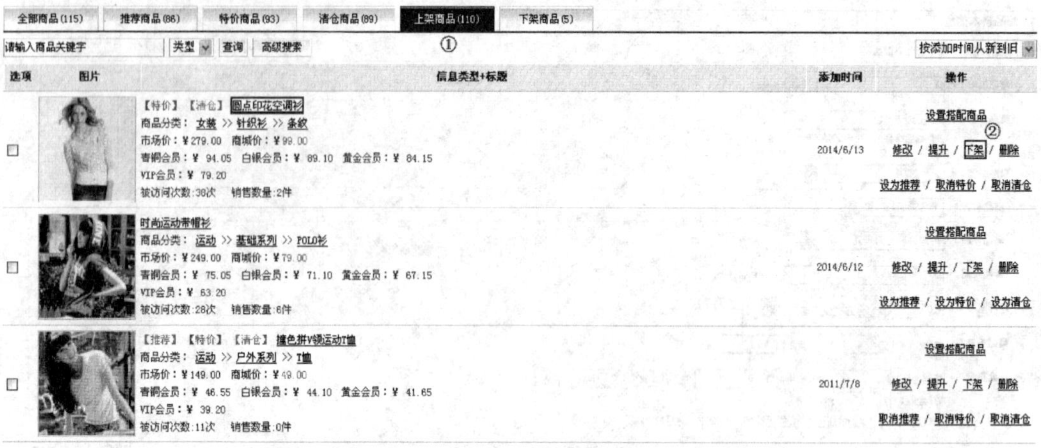

图 8-18 商品下架

（7）商品上架。点击【下架商品】，页面列出所有已下架的商品，浏览下架商品并根据实际情况选择一款商品进行上架操作。如图 8-19 所示，假设"圆点印花空调衫"这款商品停产了一段时间，现在该产品已恢复生产，继续供货，现在要重新上架该商品，只需找到该商品，并点击该商品右侧的【上架】即完成该商品的上架操作。

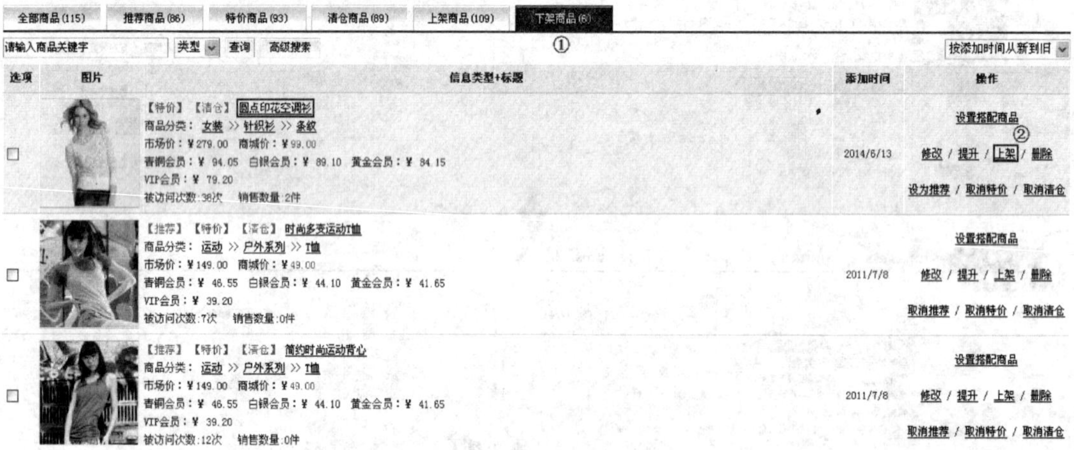

图 8-19 商品重新上架

（8）取消推荐。点击【推荐商品】，页面列出所有推荐商品，浏览推荐商品并根据实际情况选择一款商品进行取消推荐操作。如图 8-20 所示，假设我们不再推荐"经典百搭空调衫"这款商品，那么只需找到该商品，并点击该商品右侧下方的【取消推荐】即可。设为推荐、取消特价/设为特价、取消清仓/设为清仓等操作与取消推荐操作类似，可自行操作练习。

图 8-20 取消商品推荐

知识拓展

如何在淘宝网店发布宝贝

（1）登录淘宝网店，点击淘宝顶部右侧的【卖家中心】进入卖家中心管理店铺，如图 8-21 所示。

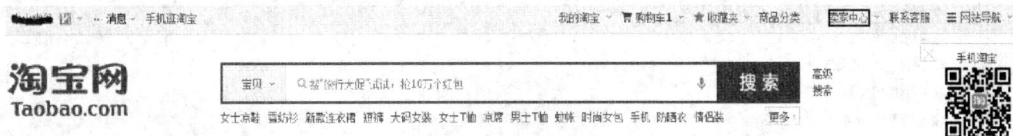

图 8-21 我的淘宝

（2）进入卖家中心后，点击【发布宝贝】，如图 8-22 所示，进入宝贝发布方式选择页面，宝贝发布方式分为一口价和拍卖两种，如图 8-23 所示。

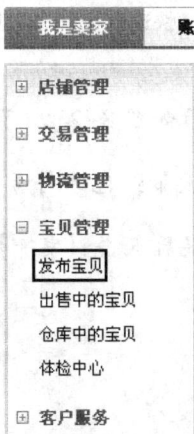

图 8-22 "我是卖家"管理菜单

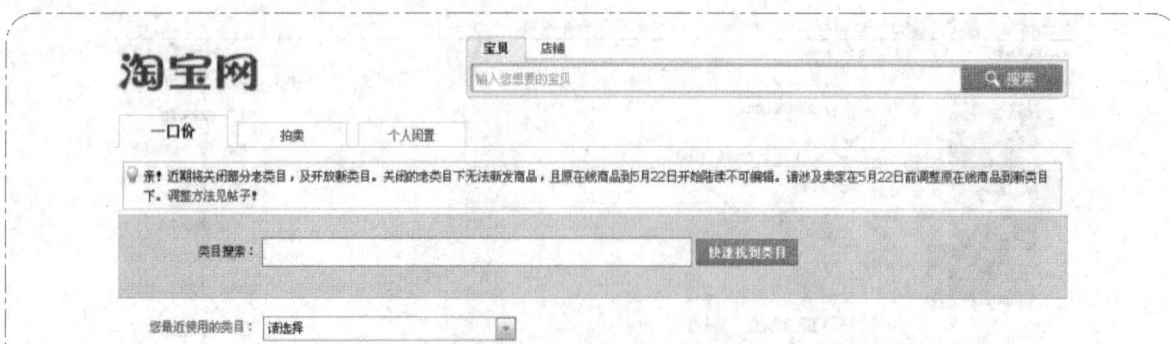

图 8-23　宝贝发布方式选择

（3）选择一口价方式发布一款新品，例如连衣裙，可在类目搜索框输入关键词"连衣裙"快速找到匹配类目，然后点击【我已阅读以下规则，现在发布宝贝】按钮，如图 8-24 所示，则直接进入填写宝贝基本信息页面。

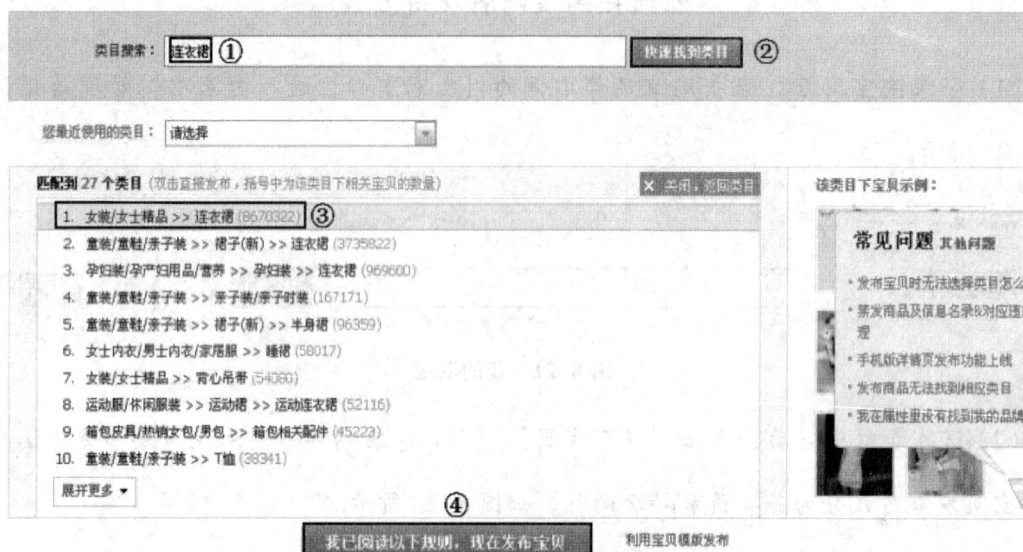

图 8-24　快速查找发布宝贝的类目

（4）进入填写宝贝基本信息页面后如图 8-25 所示，同样是根据页面的提示，凡栏目前面带红色 * 符号的都属于必填项目，没带红色 * 符号的属于选填项目。

（5）宝贝信息填写完毕并确认无误后点击【发布】按钮，宝贝发布成功。

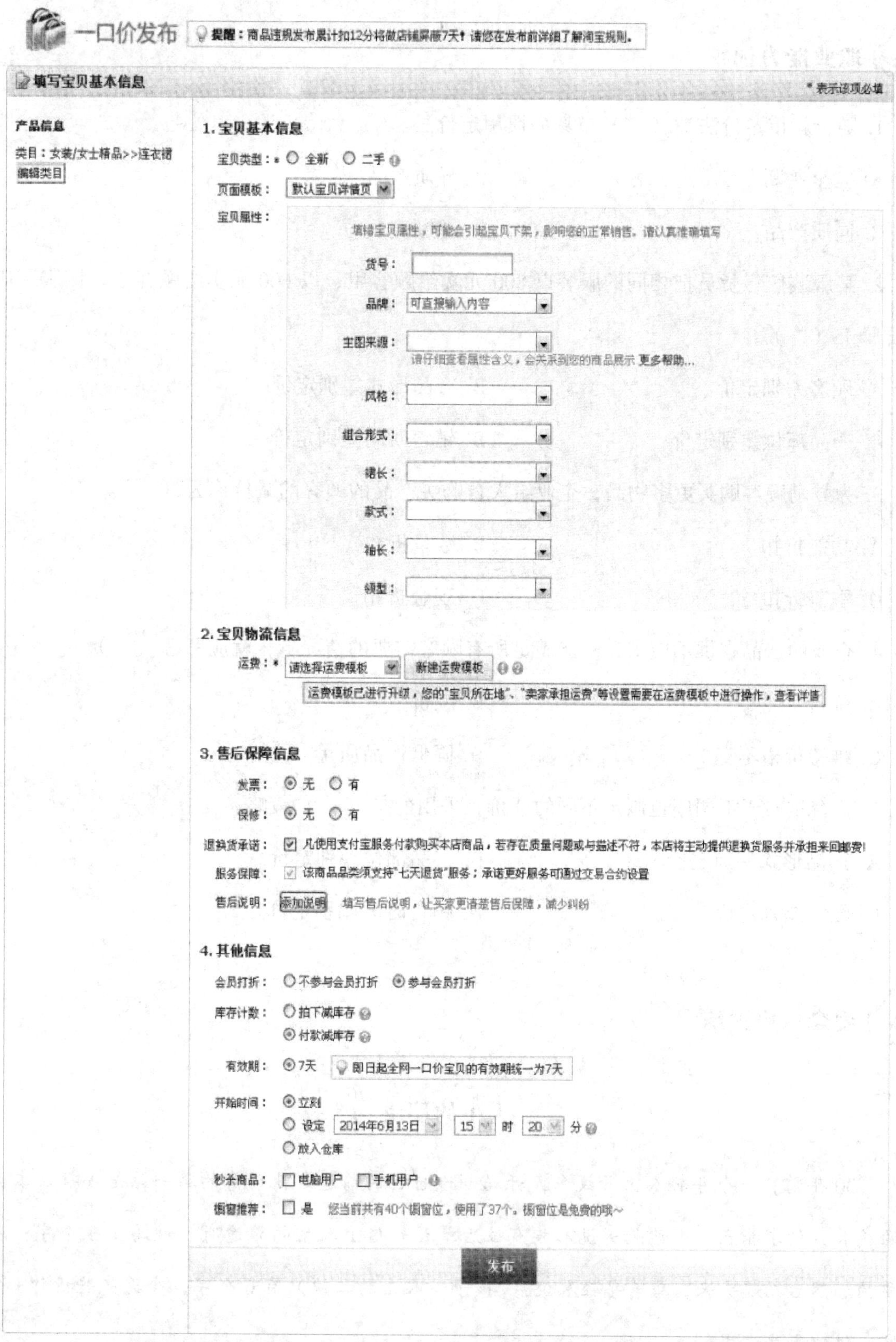

图 8-25　填写宝贝基本信息

职业能力训练

1. 随行就市定价法是（　　）市场的惯用定价法。

A. 完全垄断 　　　　　　　　　　　B. 异质产品

C. 同质产品 　　　　　　　　　　　D. 垄断竞争

2. 某服装店售货员把相同的服装以 800 元卖给顾客甲，以 600 元卖给顾客乙，该服装店的定价属于（　　）。

A. 顾客差别定价 　　　　　　　　　B. 产品形式差别定价

C. 产品部位差别定价 　　　　　　　D. 销售时间差别定价

3. 为鼓励顾客购买更多物品，企业给大量购买产品的顾客的减价称为（　　）。

A. 功能折扣 　　　　　　　　　　　B. 数量折扣

C. 季节折扣 　　　　　　　　　　　D. 现金折扣

4. 企业的产品在供不应求、不能满足所有顾客需要的情况下，就应考虑（　　）。

A. 降价 　　　　　　　　　　　　　B. 提价

C. 维持价格不变 　　　　　　　　　D. 降低产品质量

5. 体育馆对于不同座位制定不同的票价，采用的是（　　）策略。

A. 产品形式差别定价 　　　　　　　B. 产品部位差别定价

C. 顾客差别定价 　　　　　　　　　D. 销售时间差别定价

观念应用训练

人生的秘诀

30 年前，一个年轻人离开故乡，开始创造自己的前途。他动身的第一站是去拜访本族的族长，请求指点。老族长听说本族有位后辈开始踏上人生的旅途时，就写了 3 个字：不要怕。然后抬起头来，望着年轻人说："孩子，人生的秘诀只有 6 个字，今天先告诉你 3 个字，供你半生受用。"

30年后，这位年轻人有了一些成就，也添了很多伤心事，他又去拜访那位族长。他到了族长家里，才知道老人家几年前已经去世了，家人取出一个密封的信封对他说："这是族长生前留给你的，他说有一天你会再来。"拆开信封，里面赫然又是3个大字：不要悔。

思考：请问这个故事告诉我们怎样的人生哲理？

👍 情景模拟训练

根据教师提供的服装图片素材和文字说明资料，尝试在服装淘宝店（教师提供的网店或学生开设的网店均可）按要求发布2~3个宝贝。

👍 思维拓展训练

1. 鞋子的颜色

小丽买了一双漂亮的鞋子，她的同学就猜鞋子的颜色，小红说："你买的鞋不会是红色的。"小彩说："你买的鞋子不是黄的就是黑的。"小玲说："你买的鞋子一定是黑色的。"这三个人的猜想至少有一种是正确的，有一种是错误的。请问，小丽的鞋子究竟是什么颜色？

2. 赔了多少钱？

一天，小赵的店里来了一位顾客，挑了20元的货，顾客拿出50元，小赵没零钱找不开，就到隔壁小韩的店里把这50元换成零钱，回来给顾客找了30元零钱。过了一会儿，小韩来找小赵，说刚才的50元是假币，小赵马上给小韩换了张真币。问：在这一过程中小赵赔了多少钱？

任务9 处理网站订单

任务目标

通过本任务实训，使学生了解订单处理的工作流程，掌握订单处理方法。

项目任务书

任务名称	处理网站订单	任务编号		时间要求	分钟
要求	1. 学会查看已有订单 2. 了解确认订单信息 3. 掌握发货相关知识 4. 具备确认收款能力				
重点培养的能力	资料查找能力、团队合作能力、分类汇总能力、总结概括能力				
涉及知识	网站后台订单处理的具体操作				
教学地点	教室、机房	参考资料		e购尚品商城系统	
教学设备	投影设备、投影幕布、电脑、互联网				

训练内容
1. 听教师讲解案例及相关的知识（时间约　　分钟）
2. 制订工作计划，了解团队要做什么，要达到什么样的目的（时间约　　分钟）；组长进行分工安排，每个人在自己的项目任务书相应栏进行记录（时间为　　分钟），组员开始行动
3. 分组确定订单完成计划：搜索（时间约　　分钟）
4. 提出完整订单处理方案

训练要求
在完成任务的过程中能自主学习并了解订单处理及发货完成订单的有关知识；能够在规定的时间内完成相关的搜索、整理、分析任务；能够在规定的时间内，撰写出分析报告；团队制订工作方案，工作有成效（能够进行很好的时间管理），团队合作较好

成果要求及评价标准

成果要求：需提交下列书面文件。

　1. 本项目组成员的分工情况

　2. 本项目组在搜索后确定完成订单的详细步骤

　3. 对完成订单的每一步提供完成结果截图

评价标准：

　1. 订单处理流程正确，有详细的计划书，处理订单步骤简单清晰，资料整理有条理；完成订单时间短

　2. 订单处理流程基本正确，有详细的计划书，处理订单步骤较为复杂，资料整理有条理；完成订单时间较短

　3. 订单处理流程不正确，有详细的计划书，处理订单步骤不够清晰，资料整理有条理；基本能够完成订单

　4. 订单处理流程不正确，没有详细的计划书，处理订单步骤不够清晰，资料整理没有条理；没有完成整个订单

符合上述标准1，成绩为优秀，可得90~100分；符合标准2，成绩为良好，可得70~80分；符合标准3，成绩及格，可得60~70分；符合标准4，成绩为不及格，得分60分以下；介于这几种标准之间的，可酌情增减分

任务产出一	成员姓名与分工	成　员	学　号	分　工
		组　长		
		成员1		
		成员2		

续表

任务产出一	成员姓名与分工	成员3		
		成员4		
		成员5		
		成员6		
任务产出二	对订单处理流程的说明及所提出的改进建议			
项目组评价			总分	
教师评价				

情景导入

号称"没有淘不到的宝贝，没有卖不出的宝贝"的淘宝网，目前可谓家喻户晓。截至2013年，淘宝网已经拥有接近5亿注册用户，每天有超过6000万的固定访客。淘宝网高速发展的同时，淘宝信誉制度功不可没。淘宝网每个买家（卖家）完成一个订单之后，都会有一个好评、中评、差评的机会，当买家（卖家）对此次订单完成情况给予评价之后，所有浏览该店铺的人都可以看到此订单商品的评价情况，从而进一步刺激买家购买欲望或促进商家改进服务和商品质量。

你觉得淘宝订单处理流程中加入评价制度好不好？

因为店铺"好评"、"差评"大大影响店铺销量，很多店铺现在开始刷好评、刷销量，造成了用户对淘宝的信任危机，如果由你来解决这件事，你有什么好的建议？

知识链接

一、订单处理流程

在订单处理之前，首先需要了解订单的处理流程。买家浏览网站，看到中意的产品之后点击购买，就会生成未付款订单，当其付款之后，就会产生付款成功订单。订单付款成功之后，就要负责尽快地处理订单，按照买家选择的商品发货。当买家成功收到货，并确认收货之后，第三方支付平台打款给卖家，直至卖家收到货款，整个订单完成。

查看订单：查看买家所下订单，确认其已付款，导出订单记录。

确认订单：定期、及时处理订单。当网站浏览量较大，买家在短期内下单较多时，我们必须快速地将所下订单按照商品类别、物流类别分类，同时确认处理同一类别的订单。

发货：将已经分好类别的商品，按照顾客的需求发货。如有的顾客选择的商品较多，重量较大但要求费用最低时，可以选择物流运送；有的顾客要求发货时间要快，可以选择快递运送。

最后，当买家收到物流派送的货物，确认无误，并在网站上确认收货之后，卖家就可以收到买家的货款（之前货款会暂存在第三方支付平台），这样就完成了整个订单。

二、发货原则

在订单处理流程当中，发货占据非常重要的位置。在网购投诉中，除了商品质量投诉之外，发货投诉高居榜首。面对如此多的发货问题，卖家怎样做到服务好买家的同时兼顾订单利润最大化呢？

首先，发货时间原则。在尽可能的情况下，保证买家下订单后第一时间发货当然是最理想的状态。实际上由于卖家订单的积压，以及去物流公司发货所耗费的人力、物力成本，卖家一般是累积一批订单后再去一个或多个物流公司发货。这就要求卖家根据商品的实际销量，制订相应的发货计划，保证尽快地给买家发货。如淘宝网，为了保证消费者的利益，出台 72 小时发货原则（除少量特殊商品外），若卖家不能在买家付款 72 小时内发货，买家可以要求保证金赔偿。

其次，发货成本原则。不管商品销量如何，首先必须保证有利润。若商品成本价+发货成本>商品售价，那么不管销量再多，始终都是亏本的。这就要求卖家发货前必须考虑发货成本，小利润订单要用低成本发货或者批量发货，这就是常说的薄利多销。大利润订单可以用空运等快速物流发货，服务好的同时也给买家一个好印象，争取吸引回头客。

最后，还要根据买家不同需求、不同地区、不同运输条件等情况，选择最适宜的发货方式发货，兼顾销量的同时也要兼顾利润。

思考

如何快速处理订单

订单是一个公司的生命线，如何保证快速无误地处理好每一个订单呢？

有效的订单处理计划、订单的合理分类、员工的通力协作是成功的第一步。

如何制订有效的订单处理计划？不同的订单如何能够合理分类，不同工种的员工怎样能够完美配合？

应用案例

Kozmo.com 失败案

在线仓储和送货服务商 Kozmo.com（1998~2001年）是一个典型的"好心办坏事"的例子。对于城里人来说，Kozmo.com 的确既酷又方便，你可以订购从电影到小吃各类物品，保证 1 小时内送货上门而且免收送货费。免收送货费是它的卖点，后来也成了它的软肋。仅用 1 个小时就能送货到家，这简直是棒极了！当然，这只是对你而言，对于 Kozmo.com 来说，这已经变成了一个不可能完成的任务！在把业务扩展到 7 个城市后，Kozmo.com 发现，跋山涉水地送一张光盘或者一包口香糖简直糟透了！虽然 Kozmo.com 后来不得不将最低收费提高到 10 美元，但最终也未能挽救它失败的命运。

Kozmo.com 没有挂牌上市，但它筹集到了 2.8 亿美元的巨资，并且与星巴克签下了一份 1.5 亿美元的促销合同，但这一切均没能阻止它破产。

筹资几亿美元的 Kozmo.com 倒闭了，它的订单处理流程到底哪里出了问题？为什么在它的业务扩展到 7 个城市、订单大增的时候反而造成了企业破产？

由此可见，一个完美的订单处理流程计划是何等重要，不管你的业务量有多大，总有一天，计划的漏洞会给你致命一击！

资料来源：http://www.admin5.net/thread-2469080-1-1.html。

名人名言

人生在世在做人，不是做事。

——马云

任务示范

处理网站订单

e购尚品商城系统是众多商户应用比较广泛的商用购物系统。其价格低廉、操作简单易懂、适用性强等优点获得了人们的青睐。该系统的订单处理功能也非常强大，能够满足多种客户的需求，它分为会员订单及非会员订单两大类管理，并匹配会员与非会员的智能废单识别管理，以及会员与非会员的销售报表自动生成等强大功能。在订单管理模式下，支持多种查询模式、5种订单状态管理。

下面将重点介绍e购尚品商城系统的订单处理流程：

（1）进入e购尚品商城系统后，点击菜单左侧的订单管理，有3个与订单相关选项，如图9-1所示。

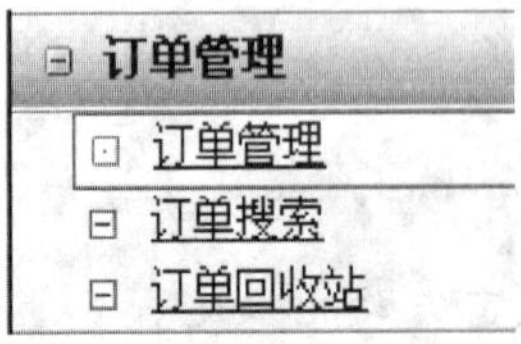

图 9-1　订单管理

（2）点击"订单管理"，可以看到5种不同状态的订单，我们可以根据订单信息，分批及时完成订单，如图9-2所示。

图 9-2　全部订单

（3）查看新订单。点击“新订单”，在订单里，可以看到订货人和订货商品的相关信息，如图 9-3、图 9-4 所示。

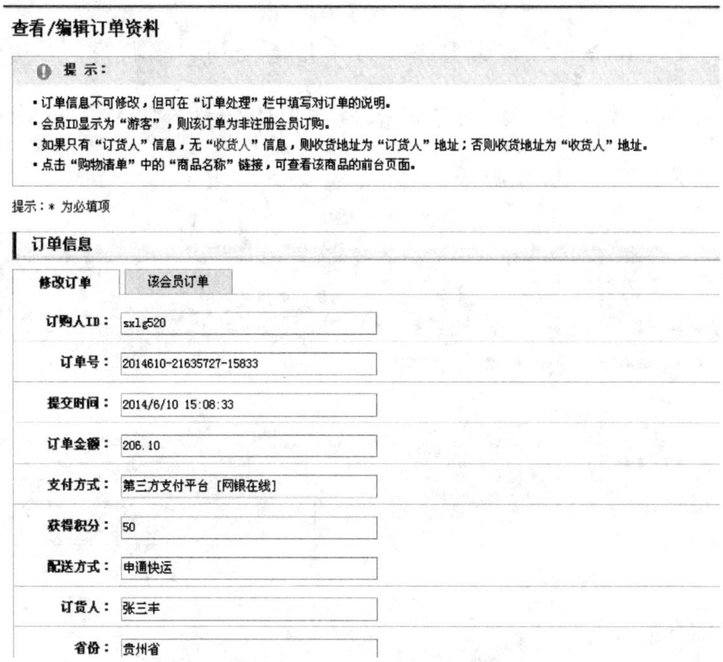

图 9-3 订货人信息

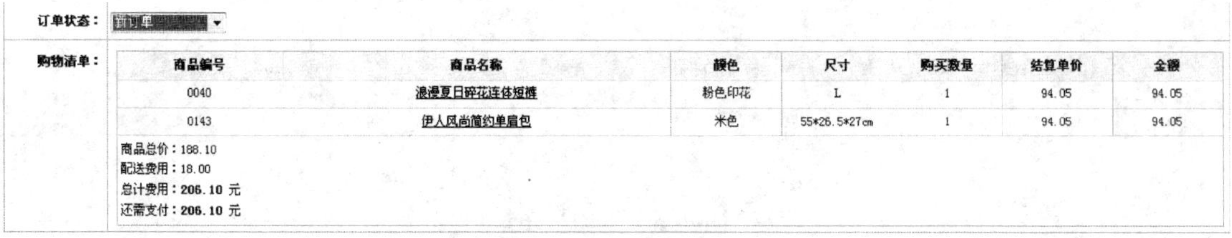
订单状态： 新订单

购物清单：

商品编号	商品名称	颜色	尺寸	购买数量	结算单价	金额
0040	浪漫夏日碎花连体短裤	粉色印花	L	1	94.05	94.05
0143	伊人风尚简约单肩包	米色	55*26.5*27cm	1	94.05	94.05

商品总价：188.10
配送费用：18.00
总计费用：206.10 元
还需支付：206.10 元

图 9-4 订单商品信息

（4）当确认订单已经完成支付后，可以打印导出订单，交由公司物流配送部门将货物按照订货人要求发送给订货人。订货人收货后确认收货，卖家就可以收到货款，订单完成，如图 9-5 所示。

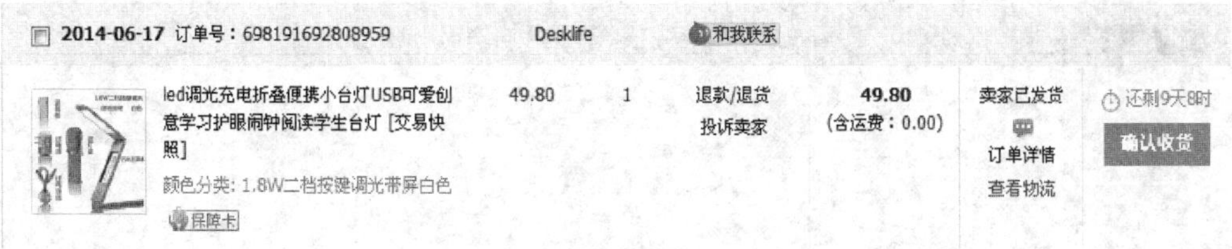

图 9-5 卖家发货后订单界面

知识拓展

（1）在订单处理过程中，经常需要根据订单信息查询订单状态，e购尚品商城系统提供了较为完善的订单查询功能，我们可以根据订单的任意一个信息查询出订单的所有内容。点击"搜索订单"，如图9-6所示。

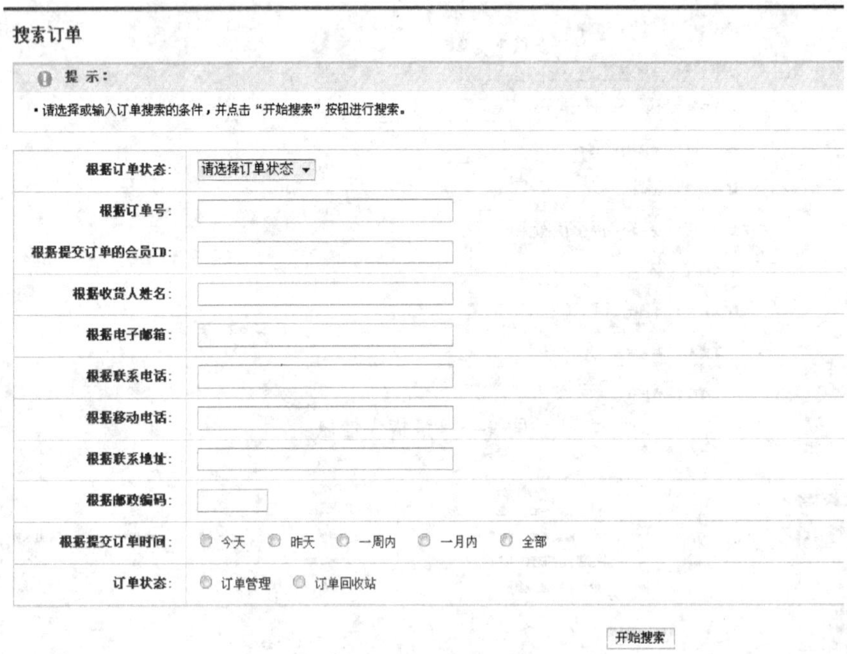

图9-6　搜索订单

（2）如果订单被取消或删除，就可在订单回收站里看到已取消的订单。点击"订单回收站"，如图9-7所示。

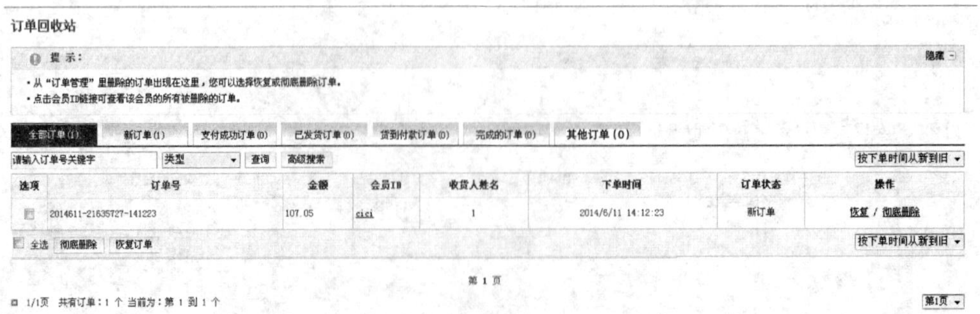

图9-7　订单回收站

职业能力训练

一、填空题

你最喜欢光顾的电子商务网站有：＿＿＿＿、＿＿＿＿、＿＿＿＿。

二、简答题

为什么你只喜欢去这些网站购物，它们的订单处理功能使用起来方便吗？

观念应用训练

阅读"应用案例"，回答：Kozmo.com 为什么会失败？Kozmo.com 的订单处理流程哪里出现了致命问题？

情景模拟训练

请上网搜索淘宝网，试着网购一件商品，体验从下订单到确认收货的全过程。并根据本节课所学内容分析该网站的订单处理功能的优劣，并提出改进意见。

思维拓展训练

把梳子卖给和尚的故事

某公司创业之初，为了选拔真正有效能的人才，要求每位应聘者必须经过一道测试：以比赛的方式推销100把木梳，并且把它们卖给一个特别指定的人群：和尚。几乎所有的人都表示怀疑：把梳子卖给和尚？这怎么可能呢？许多人都打了退堂鼓，只有甲、乙、丙三个人勇敢地接受了挑战……一个星期的期限到了，三人回公司汇报各自的销售成果，甲先生只卖出一把，乙先生卖出了10把，丙先生居然卖出了100把。同样的条件，为什么结果会有这么大的差异呢？公司请他们谈谈各自的销售经过。

甲先生说，他跑了三座寺院，受到了无数次和尚的臭骂和追打，但仍然不屈不挠，终于感动了一个小和尚，买了一把梳子。

乙先生去了一座名山古寺，由于山高风大，把前来进香的善男信女的头发都吹乱了。乙先生找到住持，说："蓬头垢面对佛是不敬的，应在每座香案前放把木梳，供善男信女梳头。"那庙共有10座香案，于是住持买下10把梳子。

丙先生来到一座颇负盛名、香火极旺的深山宝刹，对方丈说："凡来进香者，多有一颗虔诚之心，宝刹应有回赠，保佑平安吉祥，鼓励多行善事。我有一批梳子，您的书法超群，可刻上'积善梳'三字，然后作为赠品。"方丈听罢大喜，立刻买下100把梳子。

当前电子商务强者林立，竞争激烈，您能否从中另辟蹊径，解决卖家、买家、网站三者之间订单处理、沟通的"老大难"问题呢？

任务 10   配置网站支付与物流

任务目标

通过本次任务实训，使学生了解网站配置的工作流程，掌握网站配置方法。

项目任务书

任务名称	配置网站支付与物流	任务编号		时间要求	分钟
要求	1. 学会配置付款方式 2. 掌握配置物流（选择配送结算商品） 3. 具备配置物流区域能力				
重点培养的能力	资料查找能力、团队合作能力、总结概括能力				
涉及知识	网站后台配置的具体操作				
教学地点	教室、机房	参考资料	e购尚品商城系统		
教学设备	投影设备、投影幕布、电脑、互联网				

训练内容

1. 听教师讲解案例及相关的知识（时间约　　分钟）
2. 制订工作计划，了解团队要做什么，要达到什么样的目的（时间约　　分钟）；组长进行分工安排，每个人在自己的项目任务书相应栏进行记录（时间为　　分钟），组员开始行动
3. 分组确定网站配置完成计划：搜索（时间约　　分钟）、下载（时间约　　分钟）
4. 提出完整网站配置完成方案

训练要求

在完成任务的过程中能自主学习并了解网站配置的有关知识；能够在规定的时间内完成相关的搜索、整理、分析任务；能够在规定的时间内，撰写出分析报告；团队制订工作方案，工作有成效（能够进行很好的时间管理），团队合作较好

成果要求及评价标准

成果要求：需提交下列书面文件。
　　1. 本项目组成员的分工情况
　　2. 本项目组在搜索后确定完成网站配置的详细步骤
　　3. 对完成网站配置的每一步提供完成结果截图

评价标准：
　　1. 网站配置结果合理，有详细的计划书，网站配置步骤简单清晰，资料整理有条理；完成配置时间短
　　2. 网站配置结果合理，有简略的计划书，网站配置步骤较为复杂，资料整理有条理；完成配置时间较短
　　3. 网站配置结果不合理，有粗略的计划书，网站配置步骤复杂，资料整理无条理；完成配置时间长
　　4. 网站配置结果不合理，没有计划书，网站配置步骤冗余，资料没有整理；没有完成配置

符合上述标准 1，成绩为优秀，可得 90~100 分；符合标准 2，成绩为良好，可得 70~80 分；符合标准 3，成绩及格，可得 60~70 分；符合标准 4，成绩为不及格，得分 60 分以下；介于这几种标准之间的，可酌情增减分

任务产出一	成员姓名与分工	成 员	学 号	分 工
		组　长		
		成员 1		
		成员 2		

任务产出一	成员姓名与分工	成员3		
		成员4		
		成员5		
		成员6		
任务产出二	对网站配置的说明及所提出的改进建议			
项目组评价			总分	
教师评价				

情景导入

快要开学了，小王准备用今年攒的压岁钱和零花钱给自己买一部 iPhone5s 手机。刚好淘宝网手机做活动，价格很优惠，小王就决定在淘宝买了。咨询了淘宝店主，发现选择不同的快递价格不同，不同的区域快递价格也不同。

你知道这是为什么吗？

你觉得影响快递价格的因素主要有哪些？

知识链接

一、付款方式配置

电子商务发展到今天，付款方式也是多种多样，特别是自 2004 年 12 月支付宝成立之后，电子支付发展越来越快，越来越规范，已逐渐走进大众的生活中。

常用的电子支付方式有支付宝、网银支付、手机充值卡、手机话费支付、邮局汇款支付、银行转账支付等。从买家角度，当然是希望选择更多、更方便。所以在网站付款方式配置时，应该尽可能地提供多种支付方式供买家选择。

二、物流的配置

物流就是将货物及时安全地送到目的地。对于电子商务来说，物流就是将卖家发出的商品送到买家手中。电子商务物流的分类多种多样，按照运输工具不同，可以划分为空运、陆运、海运等；也可以按照不同的物流公司性质来划分，如我们熟知的快递、邮局的EMS、物流公司的物流等。物流配置就是要求我们按照物流公司的特点，根据买家的需求和成本需求，选择最合适的物流公司进行运送。

目前，国内大型的物流公司（本书主要讨论与电子商务联系比较紧密的零担物流）主要有德邦物流、天地华宇物流等，物流公司的特点是费用便宜，安全性一般，可以运送大件商品，一般是按体积收费，运送时间较长，而且一般不提供送货上门服务，网点主要覆盖大中城市。

中国邮政速递物流（EMS），在网上购物中应用非常广泛。它主要依托中国邮政的全国各个城乡网点，覆盖面广，几乎可以到达全国的每一个角落，虽然它的费用较高，运送时间也较长，但有很多人还是选择它。

随着电子商务的高速发展，快递已经逐渐走进千家万户。快递的特点是安全性较高、运送快、物品小、价格较高（一般按重量加价且有重量限制），网点基本覆盖各个城市，也是运用最多的物流方式。

当然，物流的种类还有很多。我们要根据买家的不同需求，如时间需求、地域需求、价格需求等多种因素综合考虑，确定最好、最适合的物流配置。

👁 思考

如何选择最适合的运送方式

假如你爸爸很喜欢养鱼，最近准备在淘宝网买一个120cm×40cm×80cm的鱼缸，重量大概50kg，你会建议他选择哪种运送方式？

为什么这样选择呢？说说你的理由。

应用案例

顺丰速运公司简介

顺丰速运于 1993 年 3 月在广东顺德成立。成立初期的业务为顺德与香港之间的即日速递业务，随着客户需求的增加，顺丰的服务网络延伸至中山、番禺、江门和佛山等地。

1996 年，随着客户数量的不断增长和国内经济的蓬勃发展，顺丰将网点进一步扩大到广东省以外的城市。

凭借自有服务网络的服务标准统一、服务质量稳定、安全性能高等显著优点，到 2006 年初，顺丰的速递服务网络已经覆盖国内 20 多个省及直辖市、101 个地级市，成为中国速递行业中民族品牌的佼佼者。

一位投资银行的资深人士这样描述顺丰快递：近三年来平均 50%的增长，16 亿元的年营业额，30%的利润率。"中国第一家用飞机做快递的公司？你说的是 30 年前的联邦快递吧？对于华尔街的人来说，这绝对是一个好故事。"他甚至为这家公司计划好了前景，"按照 15 倍市盈率计算，上市能融资 70 个亿。可以买飞机了。"这位投资人士开玩笑说。他没想到，这家公司的确正在认真考虑购买自己的飞机。事实上，顺丰此前已经包下了一家航空公司的全部 5 架货机，用来承运自己在几条线路上爆满的快件。而上市，也已经被列入议事日程。"联邦快递？我们不认为自己有那么强。"说这句话时，这家名叫顺丰速运的公司，已经不再是 13 年前广东番禺码头的"挟带人"，而是一家用飞机铺开全国网络的快递巨头。

你知道顺丰速运吗？从这段话中，你觉得顺丰速运成功的秘诀有哪些？

资料来源：http://www.hzjs56.com/a2_news_1.asp? id=2768.

名人名言

很多人失败的原因不是钱太少，而是钱太多。

——马云

任务示范

配置网站支付与物流

e购尚品商城系统除订单处理功能比较强大外，它还可以在网站后台配置网站支付方式和物流运送方式。

下面介绍e购尚品商城系统的支付方式和物流运送配置：

（1）买家看中一件商品，点击确认购买后就会弹出电子支付页面。常用的电子商务支付方式有网银支付、支付宝支付等，我们要在网站后台事先配置好支付方式，买家才能完成支付。进入e购尚品商城系统后，点击"支付方式"会出现3种支付方式，如图10-1所示。

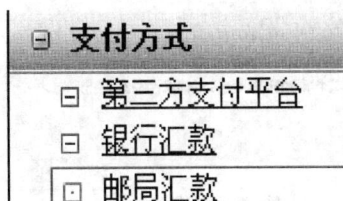

图10-1　e购尚品商城支付方式

（2）e购尚品商城系统后台提供多种第三方支付设置，如网银在线、支付宝、易宝支付等。点击第三方支付平台，弹出"第三方支付设置"页面，如图10-2所示；点击银行汇款，弹出"银行账号设置"页面，如图10-3所示；点击邮局汇款，弹出"邮局汇款设置"页面，如图10-4所示。

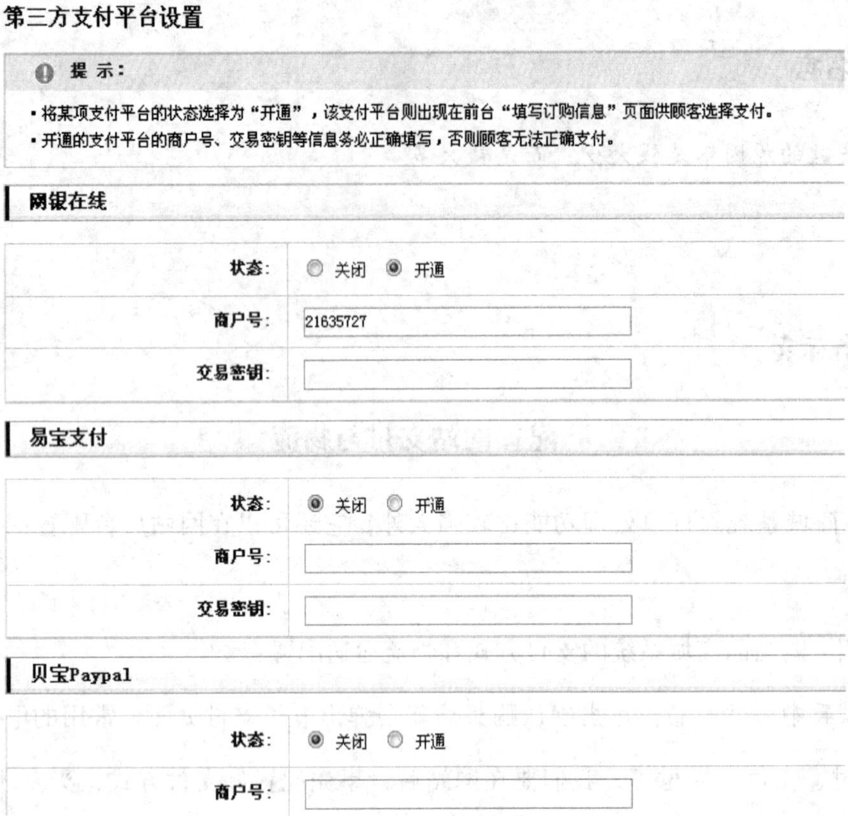

第三方支付平台设置

提示：
· 将某项支付平台的状态选择为"开通"，该支付平台则出现在前台"填写订购信息"页面供顾客选择支付。
· 开通的支付平台的商户号、交易密钥等信息务必正确填写，否则顾客无法正确支付。

网银在线

状态：	○ 关闭 ● 开通
商户号：	21635727
交易密钥：	

易宝支付

状态：	● 关闭 ○ 开通
商户号：	
交易密钥：	

贝宝Paypal

状态：	● 关闭 ○ 开通
商户号：	

图 10-2　第三方支付平台配置

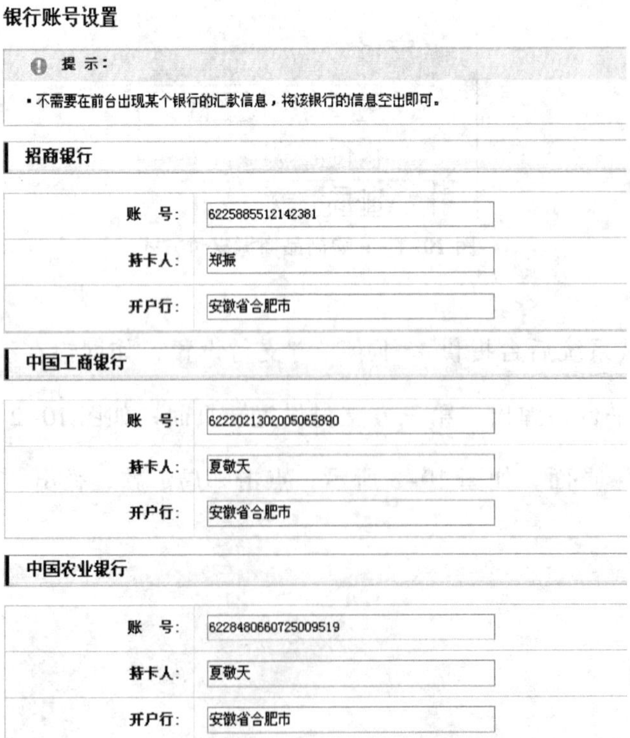

银行账号设置

提示：
· 不需要在前台出现某个银行的汇款信息，将该银行的信息空出即可。

招商银行

账　号：	6225885512142381
持卡人：	郑振
开户行：	安徽省合肥市

中国工商银行

账　号：	6222021302005065890
持卡人：	夏敬天
开户行：	安徽省合肥市

中国农业银行

账　号：	6228480660725009519
持卡人：	夏敬天
开户行：	安徽省合肥市

图 10-3　银行账号设置

图 10-4　邮局汇款设置

（3）买家下订单且完成支付后，卖家就必须按照买家的要求进行发货。卖家综合考虑买家需求之后，按照买家的意愿，根据上文提到的时间、价格、重量等主要物流配送原则，到相应的物流公司发货。打开"综合信息"，点击"商品配送设置"，如图 10-5 所示。

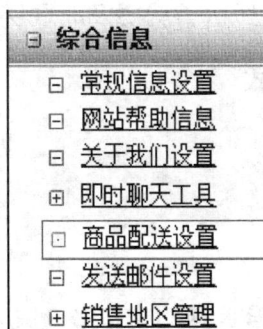

图 10-5　商品配送设置

（4）点击"商品配送设置"之后，出现配送方式设置。e购尚品商城系统提供了多种配送方式。如免邮费设置，可以在该选项设置满 200 元免邮费；在配送方式选项中，可以设置多种快递、物流公司。如"配送方式一"，设置"普通邮寄"。在该选项中，要详细设置商品首重、首重费用、续重等，如图 10-6 所示。

商品配送及费用设置

① 提示：
- 免邮费设置：购物达到该金额免配送费，请填写金额和免配送费提示语。
- 共十条配送方式，请填写名称及各项参数，第一条配送方式各项必填，其他不填写名称则不显示。

免邮费设置

| 购物满 | 2000 | 元免邮费 |

| 提示语 | 购物满2000元免邮费 |

配送方式一

名称：	普通邮寄
首重：	500	克
首重费用：	10	元
续重：	500	克
每续重费用：	15	元
保险费及其他费用：	3	元

配送方式二

名称：	特快专递
首重：	500	克
首重费用：	15	元
续重：	500	克
每续重费用：	20	元
保险费及其他费用：	0	元

配送方式三

名称：	申通快运
首重：	1000	克
首重费用：	15	元
续重：	500	克
每续重费用：	15	元
保险费及其他费用：	3	元

图 10-6　商品配送

（5）物流公司发货时，会有一张发货单，根据发货单的订单号码，可以在网上查询到该货物的物流信息，如到达地点、是否签收等。

（6）一些地区快递或者物流无法到达，就要及时同买家协商，改发 EMS 或者买家相邻城市，由买家自取货物等合适的运送方式。

知识拓展

在网站配置好电子支付方式之后，网站商家必须完成相应的支付认证，买家才能通过此方式向卖家付款。如支付宝，卖家必须先通过支付宝实名认证，填写相应的银行卡信息，并且该银行卡要开通网上银行，然后申请签约，审核通过后就可以用支付宝支付了。

网银在线支付则必须在 http：//www.chinabank.com.cn/注册，商户注册成功之后，根据商户 ID 和网银交易密钥完成网上支付。

点开网银在线网站 http：//www.chinabank.com.cn/，在该网站主页找到商户注册选项，点击【商户注册】，如图 10-7 所示，弹出注册页面如图 10-8 所示，按要求填写好资料即可成功完成注册。注册成功后，商户就有了商户 ID 和交易密钥。

图 10-7　商户注册

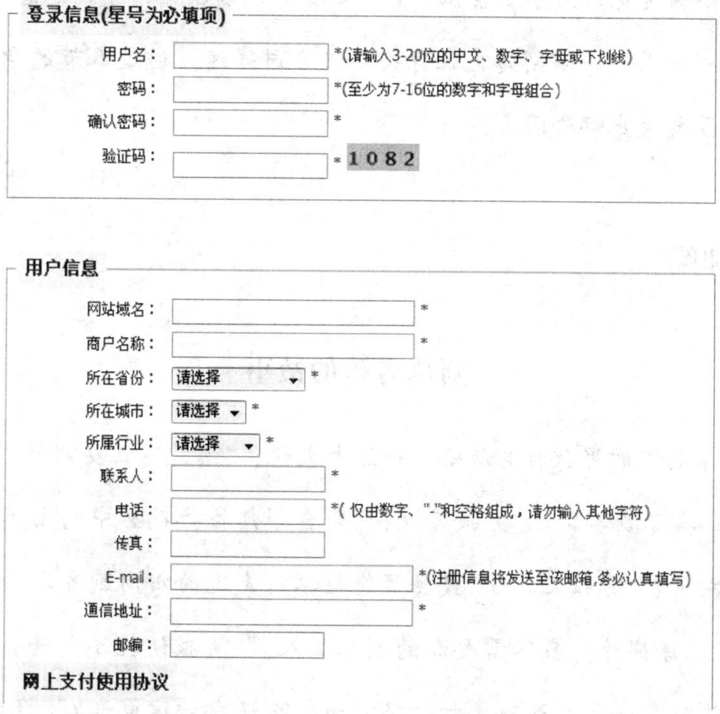

登录信息(星号为必填项)

用户名：＊(请输入3-20位的中文、数字、字母或下划线)

密码：＊(至少为7-16位的数字和字母组合)

确认密码：＊

验证码：＊ 1082

用户信息

网站域名：＊

商户名称：＊

所在省份：请选择 ＊

所在城市：请选择 ＊

所属行业：请选择 ＊

联系人：＊

电话：＊(仅由数字、"-"和空格组成，请勿输入其他字符)

传真：

E-mail：＊(注册信息将发送至该邮箱,务必认真填写)

通信地址：＊

邮编：

网上支付使用协议

图 10-8　商户注册详细信息

👍 **职业能力训练**

一、填空题

物流运送主要决定因素有以下几点：＿＿＿、＿＿＿、＿＿＿、＿＿＿。

二、简答题

你平时用过哪些快递公司收发快递，最喜欢哪一家公司？

👍 **观念应用训练**

阅读"应用案例"，回答：顺丰速运成功的秘诀有哪些？如果要接收一个快递，你最注重该快递公司的哪方面？

👍 **情景模拟训练**

远在北京读书的哥哥因为学业繁忙，1年多没有回家乡了，非常想念家乡的海鲜干货，妈妈决定给哥哥寄一些过去解解馋，让你去物流公司寄送。通过本节的学习，你觉得去哪里寄比较好，主要要考虑哪些因素？

👍 **思维拓展训练**

割草男孩的故事

一个替人割草打工的男孩打电话给一位陈太太说："您需不需要割草？"陈太太回答说："不需要了，我已有了割草工。"男孩又说："我会帮您拔掉花丛中的杂草。"陈太太回答："我的割草工也做了。"男孩又说："我会帮您把草与走道的四周割齐。"陈太太说："我请的那人也已做了，谢谢你，我不需要新的割草工人。"男孩便挂了电话，此时男孩的室友问他说："你不是就在陈太太那割草打工吗？为什么还要打这电话？"男孩说："我只是想知道我做得有多好！"

寓意：只有不断地探询客户的评价，你才有可能知道自己的长处与短处。凡事想清楚事出何因，多问几个"为什么"。

多听买家的意见，才能知道自己的优势和不足，只有不断地改进不足，扩大优势，才能不断地进步。

思考：怎样把这种好方法运用到网站配置当中？

项目四

e 购尚品商城系统的推广、管理维护与安全

　　网站建设好之后，接下来要完成的事情就是对网站进行电子商务的推广、管理维护与安全方面的内容。电子商务网站投放市场，正常运营之前，需要对网站进行测试和调试，利用各种推广技术对电子商务网站进行推广，投入市场后要有网站管理和维护的支撑，同时要有相关的网站安全性，才能保证网站正常运营。

项目导图

　　电子商务网站运营的基本流程：

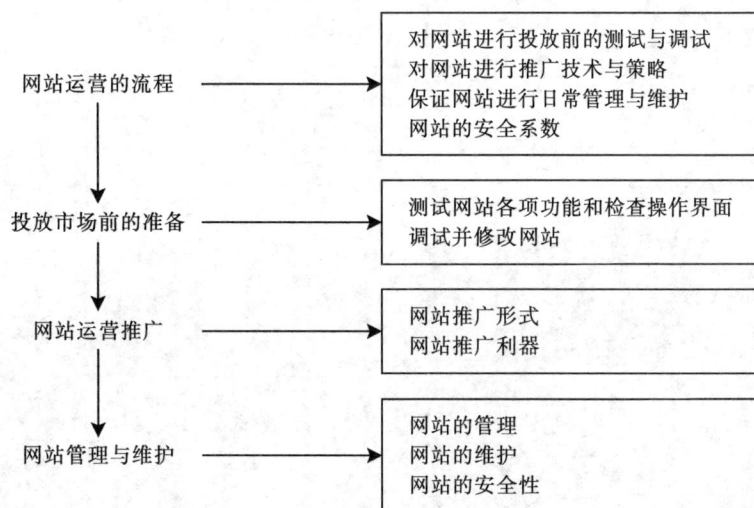

```
网站运营的流程  ────▶   对网站进行投放前的测试与调试
                       对网站进行推广技术与策略
                       保证网站进行日常管理与维护
                       网站的安全系数

投放市场前的准备 ────▶  测试网站各项功能和检查操作界面
                       调试并修改网站

网站运营推广    ────▶   网站推广形式
                       网站推广利器

网站管理与维护   ────▶   网站的管理
                       网站的维护
                       网站的安全性
```

学习目标

知识目标

（1）掌握网站的测试与调试；

（2）掌握网站的推广技术；

（3）了解网站的日常管理与维护；

（4）提高网站的安全系数。

技能目标

（1）具备网站测试与调试能力；

（2）具备网站推广应用技术；

（3）具备防火墙的使用能力；

（4）具备网站服务器 IIS 的配置能力。

任务 11　网站的测试与修改

任务目标

通过本任务实训，使学生学习并掌握网站的测试与修改技术。

项目任务书

任务名称	网站的测试与修改	任务编号		时间要求	分钟
要求	1. 理解网站测试的目的 2. 学习并掌握网站的测试与修改内容与方法 3. 学会对具体的电子商务网站进行分析与测试				
重点培养的能力	1. 网站测试实训前期知识准备，网站测试与修改知识、技能 2. 学生遇到问题能自主思考并寻找解决方法的能力 3. 团队任务合理分工及沟通、合作能力				
涉及知识	网站环境配置、网站测试及修改、辅助测试软件的下载及使用				
教学地点	教室、机房	参考资料		e购尚品商城系统	
教学设备	投影设备、投影幕布、电脑、互联网				

训练内容

1. 听教师讲解案例及相关的知识（时间约　　分钟）
2. 制订工作计划，了解团队要做什么，要达到什么样的目的（时间约　　分钟）；组长进行分工安排，每个人在自己的项目任务书相应栏进行记录（时间约　　分钟），组员开始行动
3. 分组确定网站测试规划：搜索相关的网站辅助测试软件（时间约　　分钟），下载相关辅助软件并进行安装（时间约　　分钟）
4. 提出网站测试方案或测试任务单

训练要求

在学完本课程后，应能完成网站的测试与修改工作，懂得借助第三方软件进行测试工作。掌握相关技术知识点，能够在规定的时间内完成相关的搜索、整理、分析任务；能够在规定的时间内，撰写出分析报告；团队制订工作方案，工作有成效（能够进行很好的时间管理），具有团队合作精神

成果要求及评价标准

成果要求：需提交下列书面文件。
　　1. 本项目组成员的分工情况或网站测试任务单
　　2. 本项目组对网站测试及修改的情况
评价标准：
　　1. 对网站测试与修改技术非常熟练，能够高效地完成项目任务
　　2. 对网站测试与修改技术熟悉，能够按时完成项目任务
　　3. 对网站测试与修改技术基本熟悉，勉强完成项目任务
　　4. 对网站测试与修改技术不熟悉，不能按时完成项目任务
符合上述标准 1，成绩为优秀，可得 90~100 分；符合标准 2，成绩为良好，可得 70~80 分；符合标准 3，成绩及格，可得 60~70 分；符合标准 4，成绩为不及格，得分 60 分以下；介于这几种标准之间的，可酌情增减分

		成　员	学　号	分　工
任务产出一	成员姓名与分工	组　长		
		成员 1		
		成员 2		
		成员 3		

续表

任务产出一	成员姓名与分工	成员4		
		成员5		
		成员6		
任务产出二	在网站测试与修改的过程中掌握了哪些知识，对实训学习进行总结			
项目组评价			总分	
教师评价				

情景导入

网站的后期工作主要是网站的测试和修改、推广。测试网站是为了及时发现存在的问题、完善站点的内容。在向远程站点上传文件并对外发布之前，必须先对本地站点进行全面测试。这主要包括以下几项工作：

（1）检查页面显示的一致性。确认网页在目标浏览器中的功能同预期效果一致，网页在那些不支持样式、层或 JavaScript 的浏览器中是否一样易读和功能正常。

（2）检查站点链接。使用 Dreamweaver 的"检查站点链接"功能可对当前打开的文档、本地站点的某一部分文档或整个站点进行链接检查，搜寻出断掉的链接（无效的路径或指向不存在的文件）。Dreamweaver 只对站点内链接进行检查，而外部站点的链接只是生成汇总表，不会对其进行检验。

Dreamweaver 将对指定的文件进行链接检查，完成后会打开"链接检查器"对话框，报告检查情况，如图 11-1 所示。

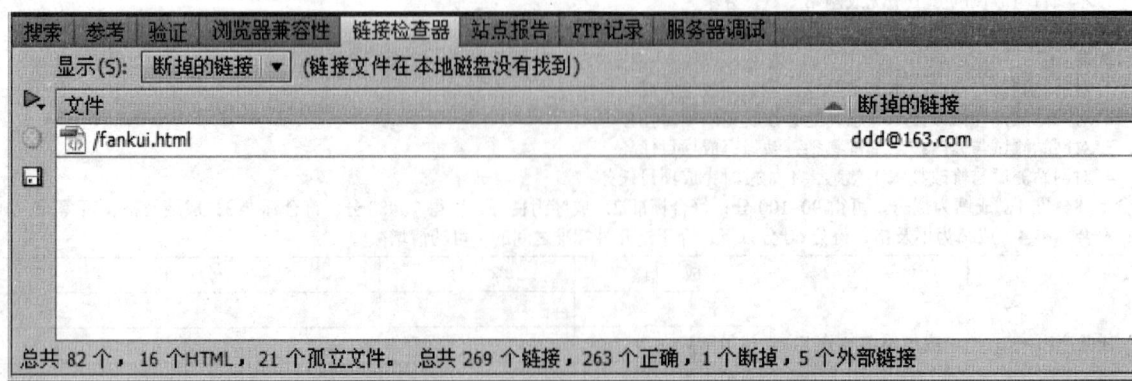

图 11-1　Dreamweaver 链接检查器检查情况报告

（3）检查网页同目标浏览器之间的兼容性。用 Dreamweaver 的"检查目标浏览器"的功能，对文档中的 HTML 进行测试，以了解其标签或属性是否被目标浏览器支持。当然，不管怎样这种检查是不会改变文档本身的。"检查目标浏览器"是使用一个浏览器配置文件来完成兼容性检查的，用户可选取一个文档、文件夹或者整个站点进行检查。如图 11-2 所示，此站点兼容目标浏览器。

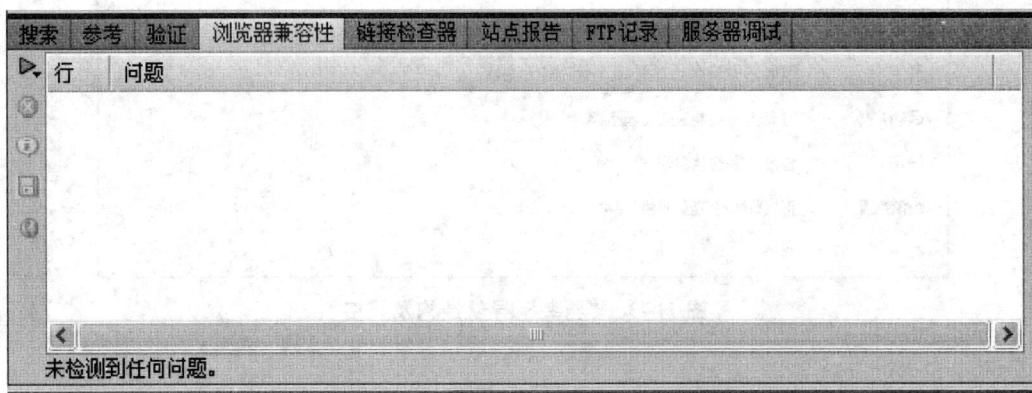

图 11-2　Dreamweaver 浏览器兼容性报告

（4）测试文件下载时间。网页设计时，一定要注意页面的大小和下载花费的时间。

在网站发布前，一般我们会做以下的常规测试。

知识链接

一、界面测试

界面测试是网站最基础的测试，是用户与网站最直接交互的层（表示层），所以界面的好坏决定用户对网站的第一印象。所以我们在测试时，需要关注网站的各种 UI 元素。

（1）导航。直观的导航关系到用户对整个网站的体验，每个页面都应该有导航，导航的结构以及风格都需要保持一致等。打开 e 购尚品商城系统网站首页，观察导航的结构及风格，如图 11-3 和图 11-4 所示。

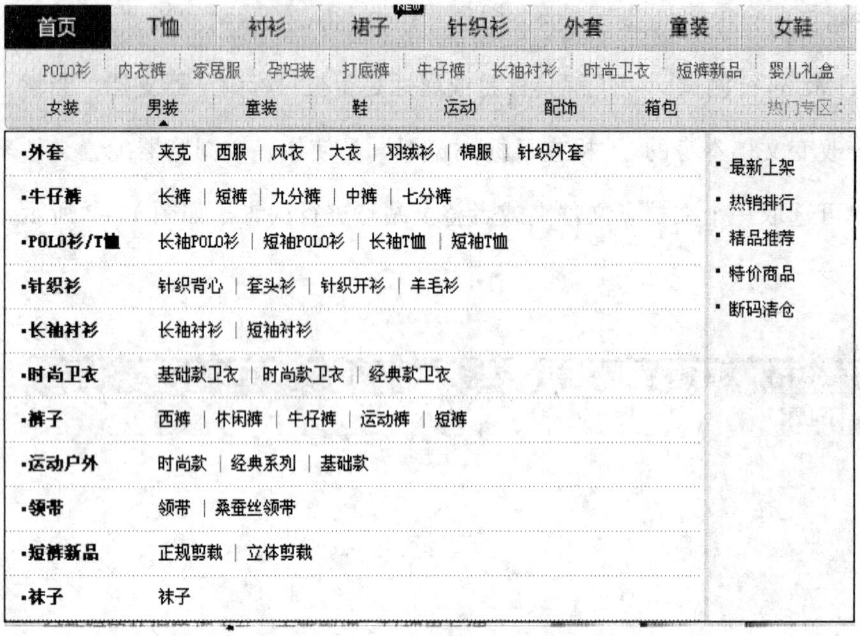

图 11-3 "男装"导航结构及风格

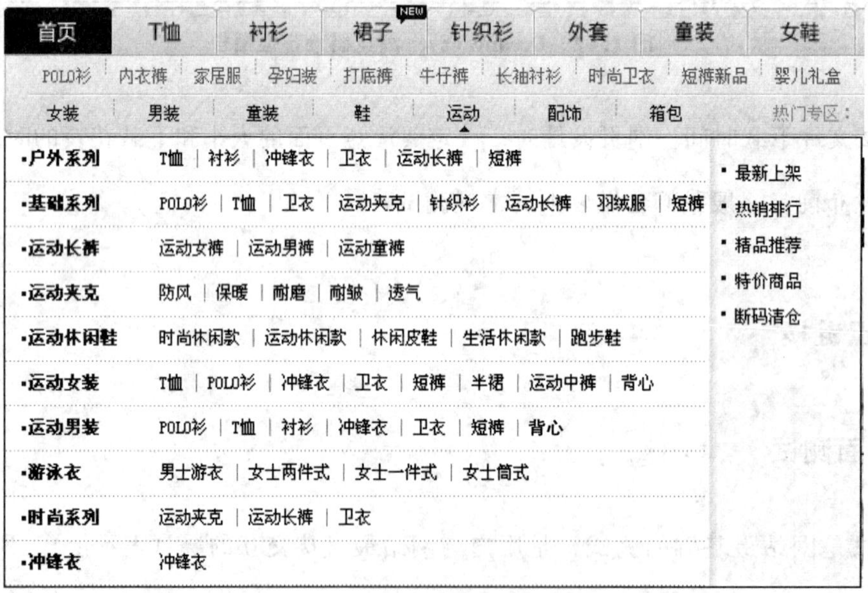

图 11-4 "运动"导航结构及风格

（2）图片。网站上的所有图片均要显示正常，如 Logo、商品图片、背景图片或是按钮图片等，图片位置如果出现"×"符号或是显示其他样式，会影响浏览者的体验，同时还要确保图片和文字对应的信息是否准确等；为保证网站加载速度，图片的大小也应该控制在一定的范围内。打开 e 购尚品商城系统网站首页，图 11-5 所示图片显示正常，而图 11-6 所示图片显示异常。

图 11-5　图片显示均正常

图 11-6　第一行第一、第三张图片显示异常

（3）文字。网站除了图片外，另外展示给用户的信息就是网站上的文字信息，我们需要确保所有文字显示正常，包括不能出现乱码、文字超出布局限制、行距合适、样式正常（如商品的现价为红色，原价为带删除线的灰色等）、是否有错别字等。打开 e 购尚品商城系统网站首页，如图 11-7 所示，页面文字显示正常，而如图 11-8 中"热门关键词"出现了乱码，打开 e 购尚品商城系统网站源文件"top.asp"对代码进行测试与修改。

图 11-7　页面文字显示正常

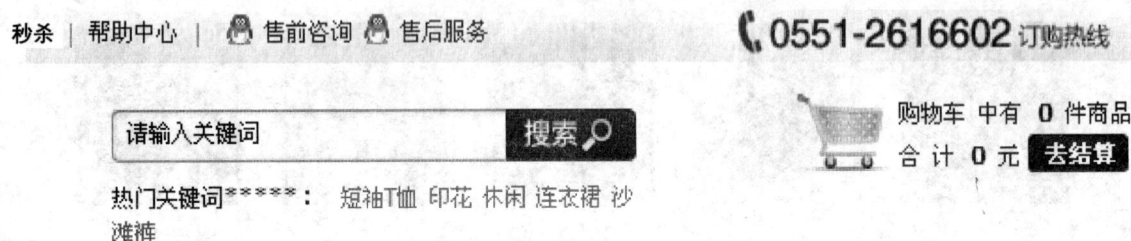

图 11-8　"热门关键词"出现了乱码

（4）表单。网站上输入框需要支持正常的输入，且显示正常，如密码框不能显示明文、单选按钮只能支持单选以及如果文本框有长度限制也要注意等。打开 e 购尚品商城系统网站中的源文件"reg_member.asp"，如图 11-9 所示，通过代码来测试判断表单输入的正误。

```
//判断表单输入正误
function Checkreg()
{
        if (document.ADDUser.username.value.length < 4 ||
document.ADDUser.username.value.length >16) {
                alert("提示：请输入用户名，有效长度为4-16位");
                document.ADDUser.username.focus();
                return false;
        }
        if (document.ADDUser.UserPassword.value.length <2 ||
document.ADDUser.UserPassword.value.length >200) {
                alert("提示：请输入密码，最少2位，最长200位。");
                document.ADDUser.UserPassword.focus();
                return false;
        }
```

图 11-9　表单代码设置情况

界面测试一般采用手动测试的方法，最好邀请第三方测试人员或用户进行体验测试。

二、功能测试

界面测试仅仅是从 UI 的角度测试了网站的基础功能，但是网站实际使用的功能并没有测试，所以我们将学习如何进行功能测试。

链接测试是指网站上所有页面的锚标记或是其他跳转链接的测试，测试包括所有链接是否存在（即无死链）、所有链接跳转是否正确等；由于网站链接数量过大，一般采用自动检查软件测试的方法测试，如 Xenu Link Sleuth 等；我们将演示如何使用 Xenu Link Sleuth 进行自动渗透测试。

（1）首先在互联网上下载 Xenu Link Sleuth，然后安装该软件。

（2）安装完成后，打开该软件，弹出"Tips and Tricks"对话框，点击"close"，看到如图 11-10 所示界面。

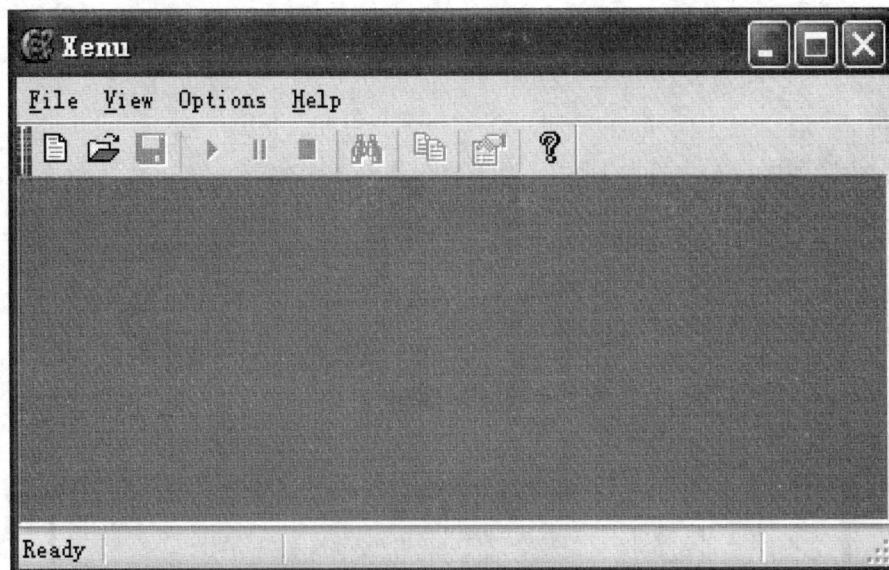

图 11-10　Xenu 界面

（3）选择菜单栏中的【File】——【Check Url...】，或者直接按【Ctrl+N】键，打开如图 11-11 所示界面。

图 11-11 测试网页链接界面

（4）在 url 文本框中输入要测试的网页地址，我们以测试首页（index.asp）链接为例，则输入"192.168.31.23/Eshop/index.asp"。如果你是在本机测试，输入"localhost/Eshop/index.asp"就可以了。

（5）输入完需要测试的页面地址后，点击【OK】，再稍等一会儿，等待完成页面所有的链接检查，最终效果如图 11-12 所示。

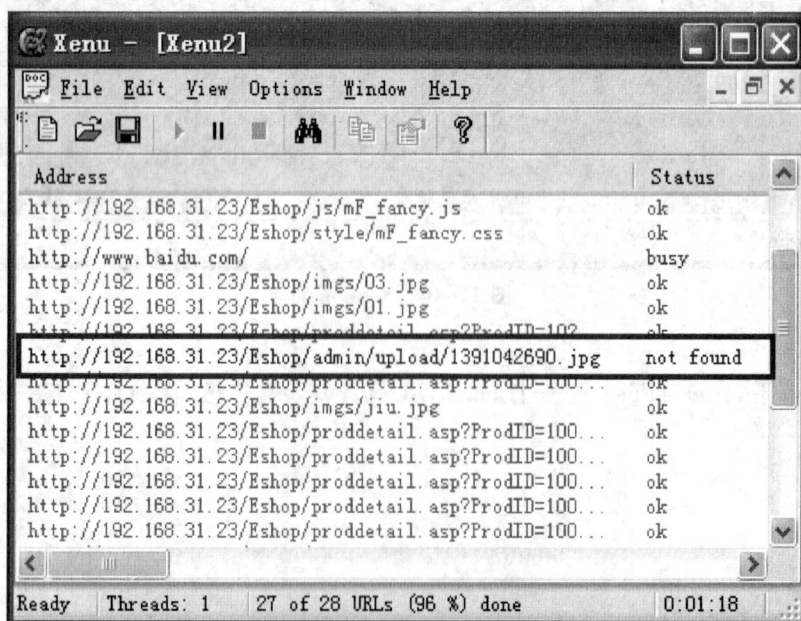

图 11-12 链接检查结果

（6）分析结果，从 status（状态）中可以看到哪些链接是无效的，如"not found"表示没有找到文件，这时你就需要在对应的路径下查找相关的文件，如果找到了该文件，则可能是代码问题引起的，如果没有找到该文件，则可能是文件丢失，使用管理平台进行编辑后再次进行测试。

本示例我们只对网站的首页进行了测试，你还需要对其他能够渗透的页面进行测试，修复完成所有的死链接或者错误链接后，还需要使用工具重新进行一次验证，直至所有的"status"都是"ok"状态，为"busy"状态的我们可以暂且不管，因为可能是外部链接引起的。

三、表单测试

前面我们完成了表单的显示测试，下面对表单的功能测试进行介绍。

网站所有包含表单的地方都需要进行测试，如注册、登录、搜索等。如注册时，用户名不能小于两位，那么就需要测试用户名小于两位以及大于和等于两位的情况。下面以注册表单为例，熟悉如何测试表单程序。

分析需求：用户名为必填项目，且不能小于两位。用户名不能重名。

测试用例：需求比较简单，但是测试却不仅仅是两次，见表 11-1 测试用例。

表 11-1　测试表

编号	测试内容	测试步骤	预期结果
1	用户名为空	输入空的用户名 其他文本框内容正确	注册失败，提示用户名不能为空
2	用户名为空格	输入只包含空格的用户名 其他文本框内容正确	注册失败，提示用户名不能为空
3	用户名为单个字符	用户名文本框中输入字符 a 其他文本框内容正确	注册失败，提示用户名长度不能小于两位
4	用户名为 2 个字符	用户名文本框中输入字符 aa（假如系统不存在 aa 的用户） 其他文本框内容正确	注册成功，用户使用该用户名能正常登录
5	用户名超过 2 个字符	用户名文本框中输入字符 aaaa（假如系统不存在 aaaa 的用户） 其他文本框内容正确	注册成功，用户使用该用户名能正常登录
6	用户名为超长字符	用户名文本框中输入字符长度超过 50 个字符 其他文本框内容正确	超过限制的部分允许再输入，注册成功，用户使用该用户名能正常登录
7	用户名为重名用户	假如系统存在用户 aaa，注册时用户名文本框中输入字符 aaa 其他文本框内容正确	注册失败，提示用户已存在

续表

编号	测试内容	测试步骤	预期结果
8	用户名为特殊字符	用户名文本框输入特殊字符，如! @#$%^&* () _+`_+ [];' \, /{}" |: <>? ~! 其他文本框内容正确	注册失败，提示非法字符
9	用户名为转义字符	用户名文本框中输入 html 转义字符，如 " 、<、&gt 等" 其他文本框内容正确	注册失败，提示非法字符
10	用户名为 js 脚本	用户名文本框中输入 js 代码，如 "<script>alert (" x") </script>" 其他文本框内容正确	注册失败，提示非法字符
11	用户名为其他任意字符	用户名为文本框输入中文简体、中文繁体、英文、数字、日文、韩文等，如 "一 a1 繁한" 其他文本框内容正确	注册成功，用户使用该用户名能正确登录

以上就是测试用户名文本框所使用的简单测试用例，虽然只有 11 个，但是在执行过程中，不止这么多，可以使用等价有效类测试方法进行测试，减少用例执行，良好的测试用例是以最少的用例数覆盖较多的测试场景，并能发现较多的问题，那么现在你是否可以设计密码框的测试用例了呢？

四、兼容性测试

不能要求每个用户都使用我们开发的系统环境，如 Windows 系统、IE 浏览器等，你的用户很有可能正在使用 imac（苹果系列一体化电脑）和 safari（苹果浏览器）浏览你的网站，所以必须对网站进行兼容性测试。

（一）平台测试

平台一般指的是系统平台，如常见的 Windows 系统、Unix 系统、Linux 系统和 Macintosh 系统等，而 Windows 系统又有很多版本，如 WinXP、Win7 和 win8 等。由于环境限制，我们只考虑 Windows 系统，因为目前国内使用 Windows 系统的用户居多，如果你非要进行平台测试而又没有相关硬件条件的话，可以 VMWare 虚拟机安装你想要测试的系统。VMWare 虚拟机运行界面如图 11-13 所示。

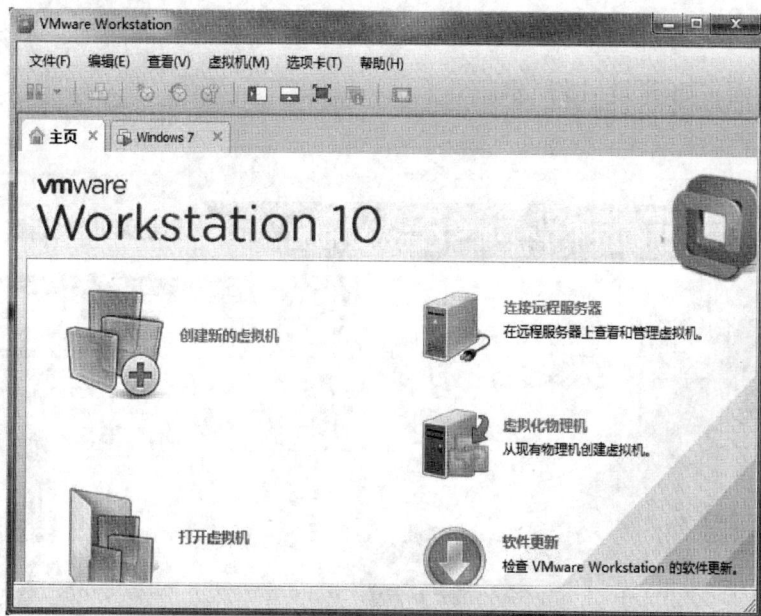

图 11-13　VMWare 虚拟机运行界面

（二）分辨率测试

不同的显示器有不同的分辨率，如 17 寸、19 寸、22 寸等显示器，都有推荐的分辨率，如 1280×768 等，所以我们需要测试不同分辨率下网站的显示情况。测试时需要注意字体大小、边框、页面布局、文字图片等网页元素。以 e 购尚品商城系统为例，在同一台显示器环境下设置不同分辨率来测试网页页面。

（1）鼠标点击电脑桌面，选择【属性】→【设置】，设置屏幕分辨率为 1400×900，测试 e 购尚品商城系统页面，如图 11-14 所示。

图 11-14　屏幕分辨率为 1400×900 网页的显示情况

（2）鼠标点击电脑桌面，选择【属性】→【设置】，设置屏幕分辨率为 1024×768，测试 e 购尚品商城系统页面，如图 11-15 所示。

图 11-15　屏幕分辨率为 1024×768 网页的显示情况

（3）仔细对比图 11-14 和图 11-15，你会发现两张图片显示的网页在屏幕中所占的比例是有区别的。

（三）浏览器测试

平台测试和分辨率测试都与硬件设施有关，如果没有足够的条件进行测试，可以先搁置，但是浏览器的兼容性测试是必须要做的。不同厂商的浏览器是有差异的，有些厂商的浏览器不完全基于 W3C 标准，比如 IE6，这是很多前端开发者非常头疼的浏览器，而又是用户群比较多的浏览器，不得不测试。

目前主流的浏览器一般包括 IE、Chrome、Firefox、Opera 和 Safari 等，其他国内的一些浏览器（如 360 安全浏览器、搜狗浏览器、QQ 浏览器等）一般都是基于这五大浏览器内核，所以我们只需要测试这五大浏览器基本显示情况即可。

以 e 购尚品商城系统为例，利用 IE 浏览器和搜狗浏览器测试网页的兼容性。

（1）利用 IE 浏览器打开网页，如图 11-16 所示。

图 11-16　"e购尚品商城系统"网页在 IE 浏览器下的显示效果

（2）利用搜狗浏览器打开网页。搜狗浏览器在高速模式下打开网页，效果如图 11-17 所示；搜狗浏览器在兼容模式下打开网页，效果如图 11-18 所示。

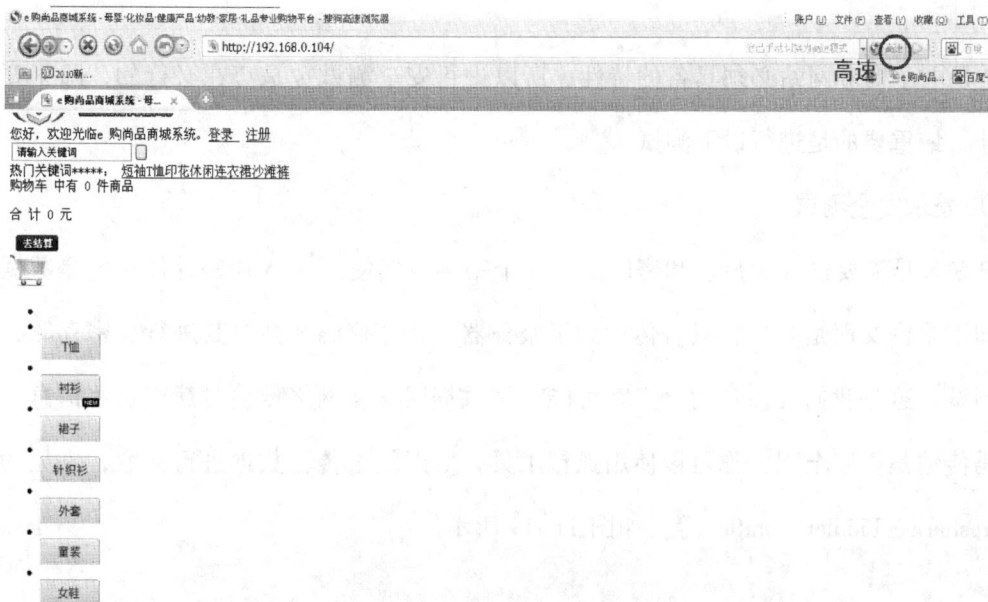

图 11-17　搜狗浏览器在高速模式下打开的网页效果

图 11-18　搜狗浏览器在兼容模式下打开的网页效果

关于兼容性的测试，我们一般采取手动渗透的测试方式，很难采取自动化，最好邀请第三方人员进行助测。

五、安全测试

安全是电子商务网站必须具备的特性，所以进行安全测试也是势在必行的，除了要了解安全策略外，最重要的是进行以下测试：

（一）登录安全测试

用户登录是需要输入用户名和密码的，这个密码虽然使用 md5 加密存储，但是数据在传送过程中却不是密文而是明文，只有传输到了服务器，程序代码才会对其进行加密存储，所以作为安全测试，这是我们要注意的。黑客可能利用数据明文在网络传输时截获这些信息，那如何测试密码传输是否安全呢？你可以使用抓包工具，对网络上传输数据进行抓取，常见的抓包工具有 Wireshark、Fiddler、sniffer 等，如图 11-19 所示。

图 11-19　Wireshark 抓包工具界面

（二）目录测试

打开网站时往往输入 localhost/Eshop/index.asp 地址进行访问，如果直接输入"localhost/Eshop"呢？如果网站没有配置默认文档页，则有可能看到网站所有的文件列表，所以在测试时，这点要注意，否则会导致恶意用户发现你的目录结构进而破坏。

（三）数据库测试

在测试数据库时，需要测试数据库的访问权限，尤其是 Access，用户信息是否加密，数据库文件是否加密，是否可以轻易破坏数据库等。

到此为止，关于网站测试的基础知识就学完了，我们只是简单提到了一些测试概念和测试方法，并没有过多深入阐述测试的理论。接下来我们将学习域名，为我们的网站上线做好准备。

名人名言

一个人品不完善的人是不可能成为一个真正有所作为的人的。

——李开复

187

任务示范

网站的测试与修改

（一）网站的测试

为了及时发现网站存在的问题，完善站点的内容，在网站发布之前要进行站点测试。

（1）测试结果与设计方案是否吻合。通过测试，如果发现二者存在一定差距，一方面需要对设计方案进行调整修改，另一方面要完善网站结构及网页内容，使浏览结果与设计方案较好地统一起来。

（2）测试链接的有效性。超链接是 Web 网页的一大特色，对于网页内大量存在的超链接都应该进行逐一测试，查看它们是否能达到指定目标，是否存在重复链接情况等。以 Dreamweaver 为例，介绍超链接有效性的验证。

进入 Dreamweaver 的编辑站点后，选择【站点】菜单中的【检查站点范围的链接】命令，则在属性面板下方的"结果"面板被激活。点击左侧的小按钮，选择【检查整个当前本地站点的链接】。

点击检查项目后，链接检查器就会对站点内的所有页面链接进行检测，测试结果如图 11-20 所示。

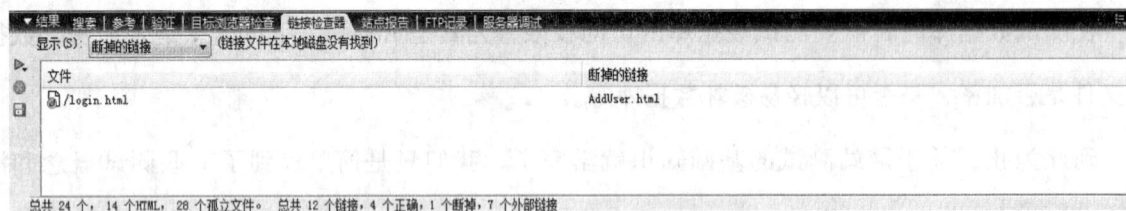

图 11-20　链接检查器

在 Dreamweaver 中，还能为站点内的"外部链接"和"孤立文件"进行检测。"孤立文件"指的是站点中没有使用到的页面，但仍然会占用站点的空间，设计员应考虑是否需要将其删除。"孤立文件"的检测方法就是在图 11-21 中的"显示"下拉列表中选择"孤立文件"，Dreamweaver 将自动进行检测。

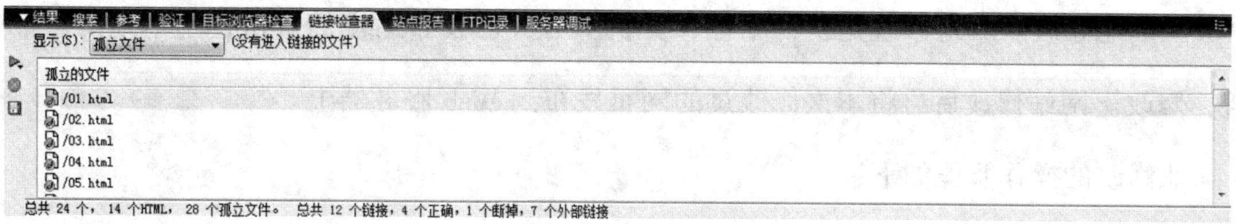

图 11-21　孤立文件检测

（3）检查网页语言的正确性。无论设计的网页是如何漂亮，包含有多少生动的多媒体、规范的表格、交互式按钮等，但文本却是支撑网页的基础。所以网页上的语言文字使用是否正确、规范，能否正确表述含义，都将是网站是否成功的关键因素。所以在网站发布之前，必须对网页上使用的语言文字进行检查，主要包括以下两个方面：

一方面检查是否有拼写错误。在制作网页输入代码时难免产生拼写错误，Dreamweaver 提供的"代码提示"功能包括根据用户的输入进行猜想，进而提供属性让用户进行选择，避免用户的频繁输入。另一方面用户在编写代码的同时，可以根据 Dreamweaver 的代码颜色提示，最大可能地避免代码丢失、残缺等。

Dreamweaver 的"代码提示"功能，可以在【编辑】菜单栏中找到，包括【显示代码提示】、【代码颜色设置器】、【代码折叠】等。用户也可以通过【文本】菜单中的【检查拼写】命令，快速找出网页中的书写错误。

（二）网站的修改

由于网页上内容需要不断进行更新，将网站发布到 Web 之后仍可以对它进行修改。网站的修改有两种方式：远程修改和本地修改。下面介绍通过 CuteFTPpro 进行远程修改、本地修改。

（1）远程修改。远程修改是指打开 Web 服务器，找到发布的站点并进行修改。CuteFTPpro 具有远程工作能力，操作方便、快捷，非常适合在网站的紧急维护等条件下使用。远程修改的操作步骤如下：

步骤一：选择【文件】菜单中的【新建】下的【FTP 站点】命令。

步骤二：在"主机地址"文本框中输入远程 Web 服务器的 IP 地址，并正确填写登录用的用户名和密码，点击【链接】按钮进行远程登录。

步骤三：登录成功后，CuteFTPpro 左侧将列出站点内的所有文件。选中需要修改的文件并单击鼠标右键选择"编辑"命令。此时用户便可以直接在右侧看到文件的源代码并进行修改，完成后关闭链接时，CuteFTPpro 将提示保存。

（2）本地修改。本地修改是指在本地计算机上打开已发布站点的备份，用本地的软件进行更新、修改。网站修改后再将本次修改过的网页发布到 Web 服务器上。

本地修改的操作步骤如下：

步骤一：启动 Dreamweaver，打开已发布站点的备份，进行更新、修改。

步骤二：执行【站点】菜单中的【同步站点范围】命令，打开【同步文件】对话框。

步骤三：选择同步的范围为当前站点名称，选择方向为【放置较新的文件到远程】，单击【预览】按钮。

步骤四：Dreamweaver 将根据文件的更新时间与远程站点空间的文件进行匹配，最后提出报告。

步骤五：单击【确定】按钮，Dreamweaver 将自动开始文件的更新。

职业能力训练

一、填空题

1. 网站测试的目的是＿＿＿＿＿＿＿＿＿＿＿＿＿＿＿＿＿＿＿＿＿＿＿。

2. 网站的常规测试包括＿＿＿＿、＿＿＿＿、＿＿＿＿、＿＿＿＿、＿＿＿＿、＿＿＿＿。

3. 常见的系统平台有＿＿＿＿、＿＿＿＿、＿＿＿＿、＿＿＿＿。

4. 目前主流浏览器包括＿＿＿＿、＿＿＿＿、＿＿＿＿、＿＿＿＿、＿＿＿＿等，其他国内的常见浏览器有＿＿＿＿、＿＿＿＿、＿＿＿＿等。

5. 安全是电子商务网站必须具备的特性，所以进行＿＿＿＿也是势在必行的。

二、简答题

1. 如何调整不同分辨率来测试网页效果？

2. 如何利用 Dreamweaver 测试检查网页语言的正确性？

三、实训题

1. 对整个站点进行链接测试并做好测试结果记录。

2. 将 e 购尚品商城系统中的多个页面在搜狗浏览器和 Firefox 浏览器中进行测试并做好测试结果记录。

任务 12　网站的推广

任务目标

通过本任务实训，使学生了解网站推广的策略和推广的形式，以及网站推广工具的运用。

项目任务书

任务名称	网站的推广	任务编号		时间要求	分钟
要求	1. 了解网站推广的策略 2. 学会网站推广的形式 3. 掌握网站推广的利器				
重点培养的能力	资料查找能力、团队合作能力、营销手段、分类汇总能力、总结概括能力				
涉及知识	色彩搭配、消费心理学、网络推广工具运用				
教学地点	教室、机房	参考资料		e购尚品参考系统	
教学设备	投影设备、投影幕布、电脑、互联网				

训练内容

1. 听教师讲解案例及相关的知识（时间约　　分钟）
2. 制订工作计划，了解团队要做什么，要达到什么样的目的（时间约　　分钟）；组长进行分工安排，每个人在自己的项目任务书相应栏进行记录（时间为　　分钟），组员开始行动
3. 分组了解网站的推广形式：搜索（时间约　　分钟）、下载（时间约　　分钟）
4. 提出网站推广方案

训练要求

在完成任务的过程中能自主学习并了解网站的推广要素和网站推广形式的有关知识；能够在规定的时间内完成相关的搜索、整理、分析任务；能够在规定的时间内，撰写出分析报告；团队制订工作方案，工作有成效（能够进行很好的时间管理），团队合作较好

成果要求及评价标准

成果要求：需提交下列书面文件。
　　1. 本项目组成员的分工情况
　　2. 本项目组在搜索后确定网站的类型及具体规划设计
　　3. 对规划设计的每一步提出规划方案结果
评价标准：
　　1. 对网站推广的形式、要点完全掌握；对网站推广模式资料收集充分并描述正确，资料整理有条理；分析报告质量高
　　2. 对网站推广的形式、要点基本掌握；对网站推广模式资料收集充分并描述正确，资料整理有条理；分析报告质量较高
　　3. 对网站推广的形式、要点基本掌握；对网站推广模式资料收集充分并描述不完全正确，资料整理有条理；分析报告质量一般
　　4. 对网站推广的形式、要点未掌握；对网站推广模式资料收集充分并描述不正确，资料整理较差；分析报告质量差
符合上述标准1，成绩为优秀，可得90~100分；符合标准2，成绩为良好，可得70~80分；符合标准3，成绩为及格，可得60~70分；符合标准4，成绩为不及格，得分60分以下；介于这几种标准之间的，可酌情增减分

任务产出一	成员姓名与分工		成　员	学　号	分　工
		组　长			
		成员1			
		成员2			

续表

任务产出一	成员姓名与分工	成员 3		
		成员 4		
		成员 5		
		成员 6		
任务产出二	对网站的推广形式或方案所提出的改进建议			
项目组评价			总分	
教师评价				

情景导入

把电子商务网站搭建好后,接下来要做的事情就是如何把这个网站推广出去,让更多的人能知道这个电子商务网站,了解这个平台并带来访问量、商机和交易量。

面对电子商务发展迅速的现状,如何把新的电子商务网站推广出去,是值得我们思考的问题,有哪些推广方式呢?

思考:尝试分析日常生活中你接触到的网站推广宣传形式,并以所熟知的网站来分析网站推广形式。

知识链接

一、网站推广策略

电子商务网站的推广绝不简单地表现为网站推广的方式与方法,我们必须将其作为企业整体经营策略的一部分来对待,把企业电子商务网站的推广工作和企业的各种发展策略与整体的经营目标结合起来,共同为企业的发展服务。其主要表现如下:

(1)使用系统工程的思想对待企业商务网站的推广。

(2)使其成为企业创新的重要组成部分。

(3)网站推广服务于企业电子商务应用的目标策略。

(4)使其成为企业 CI 发展策略的重要组成部分,成为企业品牌战略的重要组成部分之一。

二、网站推广的形式

网站推广的形式多种多样，不同的网站要采用不同的推广策略，不同的推广策略会有不同的效果。得知新网站的主要途径如表 12-1 所示。

表 12-1

得知新网站的途径	所占比例	得知新网站的途径	所占比例
搜索引擎推广	83.4	报纸杂志	30.0
其他网站上的链接	65.5	广播电视	11
电子邮件	32.0	黄页	3.5
朋友、同学的介绍	52.8	户外广告	10.0
网址大全之类的书籍	27.5	其他	0.5

三、网站推广的利器

推广网站既需要掌握足够的理论基础，又必须了解常用的软件或常用的工具。有很多网站推广工具软件，熟练使用这些网站推广工具，可以获得事半功倍的效果。还有百度指数、Google 关键词密度分析等网络工具，也是网站推广中必不可少的利器。

（一）百度指数

以百度海量网民行为数据为基础的数据分享平台，以图表的形式显示指定关键词在百度中的关注度、媒体关注度。在这里，可以研究关键词搜索趋势、洞察网民兴趣和需求、监测舆情动向、定位受众特征。登录后可以定义列表，百度指数的网址 http：//index.baidu.com/，如图 12-1 和图 12-2 所示。

图 12-1 百度指数

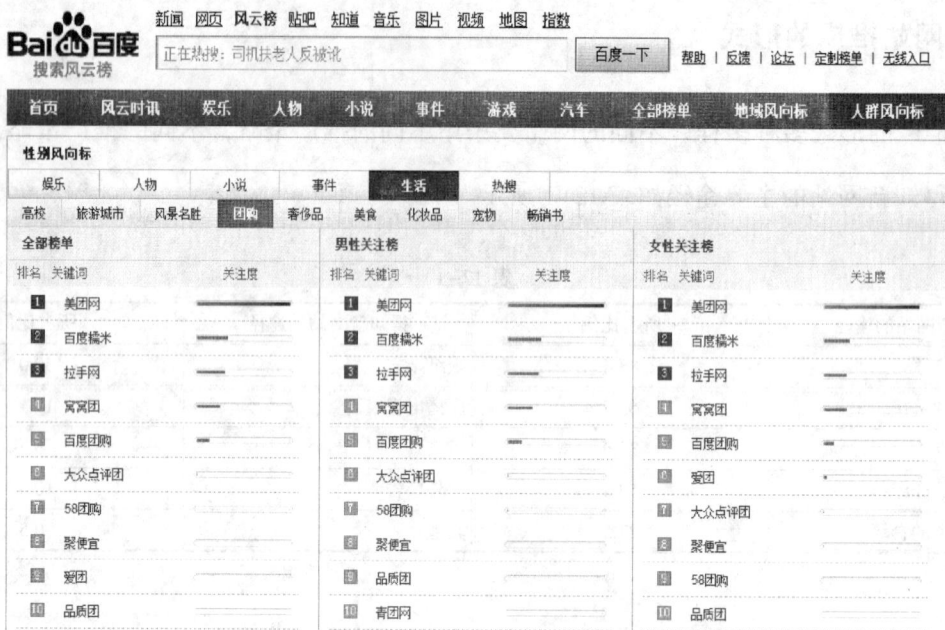

图 12-2　百度风云榜

（二）关键词密度分析工具

分析指定关键词在指定页面中出现的次数，用来量度关键词在网页上出现的总次数与其他文字的比例。

英文：http：//www.keyworddensity.com/。中文：http：//tool.chinaz.com/，如图 12-3 和图 12-4 所示。

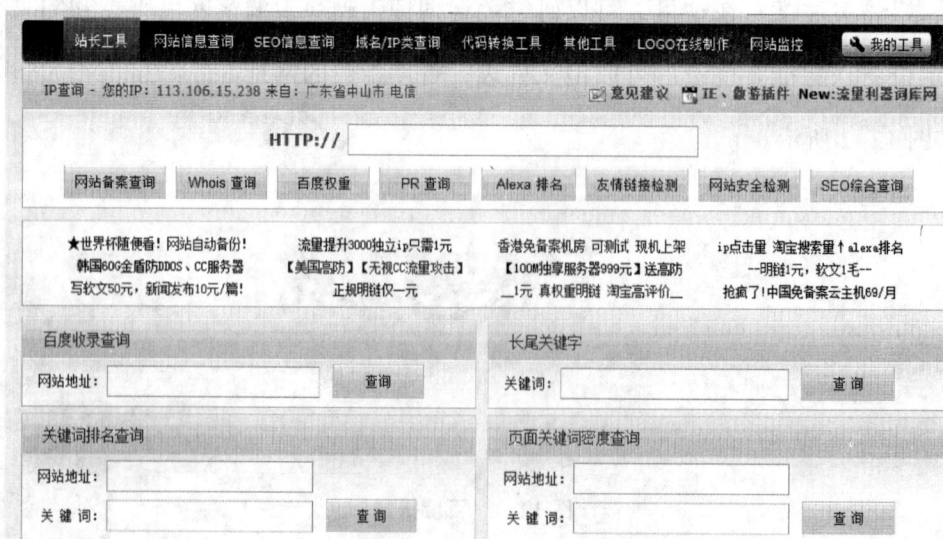

图 12-3　http：//tool.chinaz.com/首页

图 12-4 关键词密度分析

（三）关键词热门排行及指数

百度排行榜：http：//top.baidu.com，如图 12-5 所示。

站长工具：http：//tool.chinaz.com。

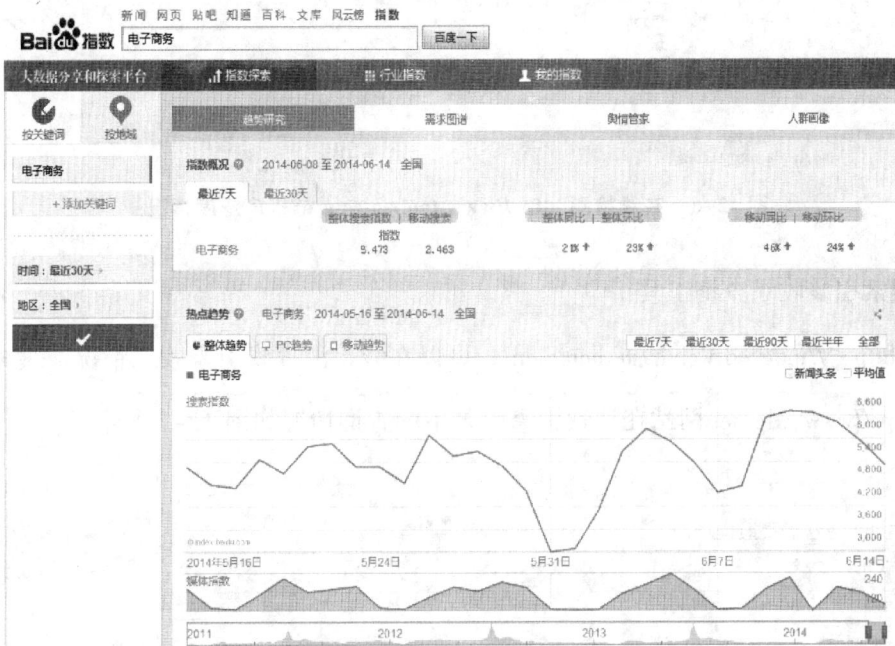

图 12-5 "电子商务"关键词指数情况

（四）在线检测链接广泛度

链接广泛度检测工具和反向链接查询工具，同时支持 Google、百度、Yahoo！等多个搜索引擎，如 http：//link.chinaz.com/。在线检测 http://www.taobao.com 链接广泛度情况如图 12-6 所示。

图 12-6　在线检测 http://www.taobao.com 链接广泛度情况

（五）搜索引擎收录查询工具

登录到 http：//indexed.webmasterhome.cn/，可以在线检测搜索引擎收录情况。搜索引擎收录查询工具 http://www.sxlg.net 网站在搜索引擎收录中的查询情况如图 12-7 所示。

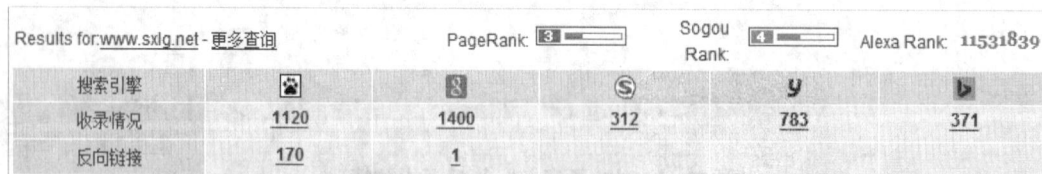

图 12-7　http://www.sxlg.net 在搜索引擎收录中的查询情况

（六）综合查询工具

接下来介绍集搜索引擎收录查询、关键词排名查询、搜索引擎优化监视器等综合查询工具小软件，简单好用，网上也有大量的工具及教程，大家可自学掌握。关键词排名查询工具：进入 http：//www.flashplayer.cn/keywords/网站，可以下载关键字排名工具和站长工具，如图 12-8 和图 12-9 所示。

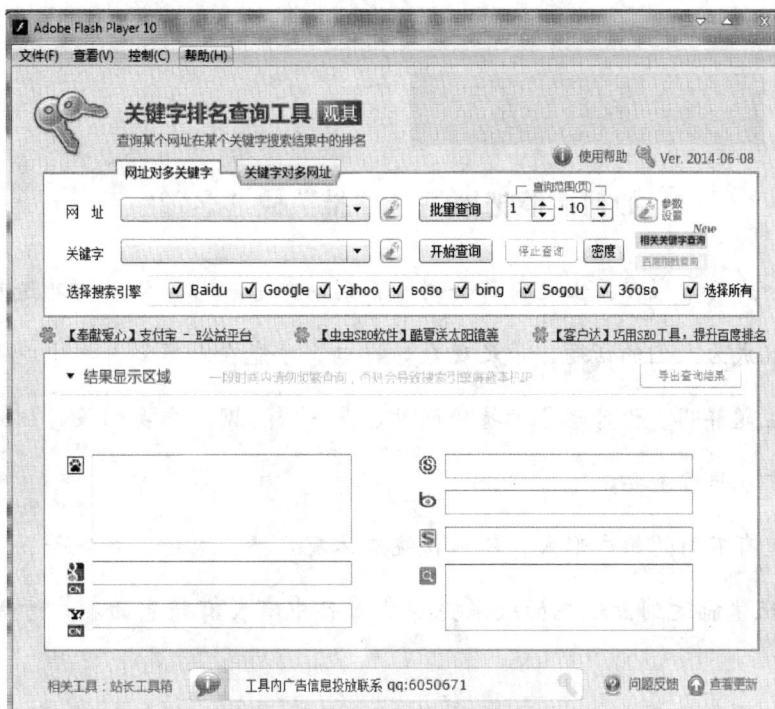

图 12-8 关键字排名工具

图 12-9 站长工具箱

除了上述几类工具外，网站推广还涉及 Google 工具、链接工具、无效链接检查工具等，这些工具的使用都十分简单，在网上下载后，可以研究学习。

👁 思考

如何才能把网站一"推"成"名"？

我们知道，热门电影在推出之前都会用一系列的广告、推广活动为其造势，让电影还没有正式放映就成为人们的话题，吊足观众的胃口，才能在众多影片之中脱颖而出。那我们精心打造的主题鲜明、设计形象独特的网站也是一样，网站本身的设计固然重要，如何对网站进行推广也非常重要。

不同的渠道有不同的推广形式，例如传统媒体有广播、电视、报纸等，在哪个媒体进行推广？哪个媒体能达到最理想的效果呢？你心目中有没有精彩的推广方案，把网站一"推"成"名"？

📢 应用案例

贾君鹏事件炒作推广：760万点击量的引爆！

2009年7月16日，互联网上发表的一个名为"贾君鹏你妈妈喊你回家吃饭"的帖子短短五六个小时被390617名网友浏览，引来超过1.7万条回复，并在接下来的一天时间内吸引了710万点击和30万回复，被网友称为"网络奇迹"。许多网友在百度知道、新浪爱问纷纷悬赏询问"贾君鹏"为何人，更有不少网友加入恶搞队列，组成异常庞大的"贾君鹏家庭"。有网友把"贾君鹏"事件戏称为"一句吃饭引发的血案"。而"贾君鹏"在这么短的时间内走红于中文网络堪称是一个奇迹。

"贾君鹏你妈妈喊你回家吃饭"，成为2009年最时髦的网络用语之一。极为寻常的一句话，却能成为人们纷纷谈论的热门谈资，甚至引来央视媒体各家栏目的竞相报道，短短两天回帖300621，点击数760万，真是让人赞叹。与网易重启"魔兽世界"游戏的新闻遥相呼应。整个事件营销运作，历经两个月的反复思量和流程设计，动用了四个执行席媒介轮班监测执行情况，两小时一次电话汇报，总计动用800余名网络营销从业人员。引发轰动效应后，策划团队就已撤出，将后续工作交由兼职的网民去完成。

几乎可以说是完全靠操作得当所致。一个帖子一经推出，便能得到 800 余人的跟帖支持，势必将引来许多人的好奇与参与，进而形成一种马太效应（Matthew Effect），吸引越来越多的人关注，累积成长为一个群体事件。尤其当它成为媒体纷纷关注的新闻焦点之后，在聚光灯的杠杆作用下其影响力更是得到进一步放大与扩散，受众数量也开始呈现几何级增长，最终演变成一个公众事件。正如古希腊数学家阿基米德所言，"给我一个支点，我能撬动地球"。

明眼人都看出来了，"贾君鹏你妈妈喊你回家吃饭"是幕后推手进行操作的有预谋的炒作。这个帖子确实在网络上造成了非凡的影响，相信也会给苦于推广的企业网络营销人士和广大的站长们带来很多启发。

资料来源：http://www.juwood.com/.

名人名言

孙正义跟我有同一个观点，一个方案是一流的 Idea 加三流的实施；另外一个方案，一流的实施加三流的 Idea，哪个好？我们俩同时选择一流的实施加三流的 Idea。

——马云

任务示范

e购尚品网站推广

e购尚品网站是一个刚构建成的电子商务网站平台，专注于品牌服装行业，有雄厚的实力和优质的服务。有实力，没有知名度，就没有品牌号召力，也就没有生命力。面对这种情况，现在的主要问题是大力推广 e购尚品网站，让 e购尚品网站迅速在众多电子商务网站中打响知名度，要从多个方面和多种形式对 e购尚品网站进行推广。

（一）利用注册搜索引擎推广形式

使用搜索引擎推广形式的方法：

（1）列出网站关键词清单。就是网站提供给搜索引擎的关键字，每一个网站都要设置一定的关键字，供所有人进行搜索。

（2）主关键词的确定。主关键词是指能够最大限度地概括一个网站信息内容的字或者词，它是网站信息的概括化和集中化。我们在推广一个网站之前，一定要仔细、慎重地选择好主关键词。

（3）长尾关键词的使用。网站上非目标关键词也可以带来搜索流量，这种关键词称为长尾关键词。这类关键词一般比较长，往往由 2~3 个词组成，存在于内容页面。它们搜索量往往非常少，并且不稳定。但存在大量长尾关键词的大中型网站，其带来的总流量非常大。

（4）在网页中合理部署关键字。

（5）链接的使用。提交网站到搜索引擎前要进行链接检查，死链接和无法到达的链接要尽量避免。

（6）提交网站到搜索引擎。

具体的操作如下：

步骤一：选择使用率比较高的搜索引擎百度网站，输入网址进入登录口，网址如下：http：// zhanzhang.baidu.com/sitesubmit/index，注册一个账号，登录进入百度站长工具，选择左侧的"我的网站"—"站点管理"，把 e 购尚品网站的网址 http：//113.106.4.202 输入到 URL 地址栏，如图 12-10 所示。

图 12-10　百度站长平台

步骤二：利用百度提供的在线工具对网站进行验证，如图 12-11 所示。通过下载验证文件放置于域名根目录下，如图 12-12 所示；然后通过文件验证、html 标签验证、CNAME 验证后，点击【完成验证】按钮后，就可以进行下面一系列的操作和分析，如图 12-13 和图 12-14 所示。

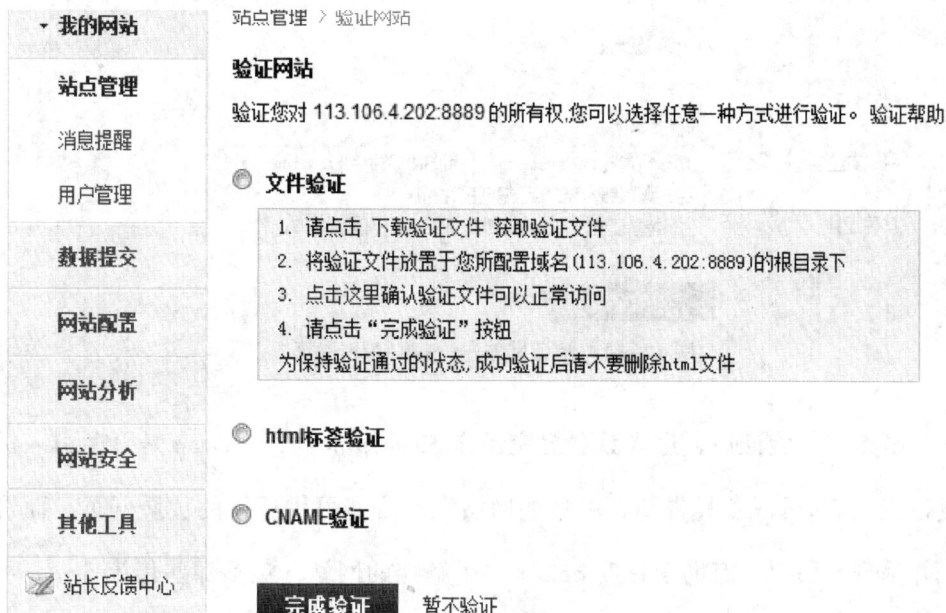

图 12-11 验证网站

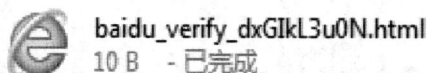

图 12-12 下载验证文件

图 12-13 验证网站——html 标签验证

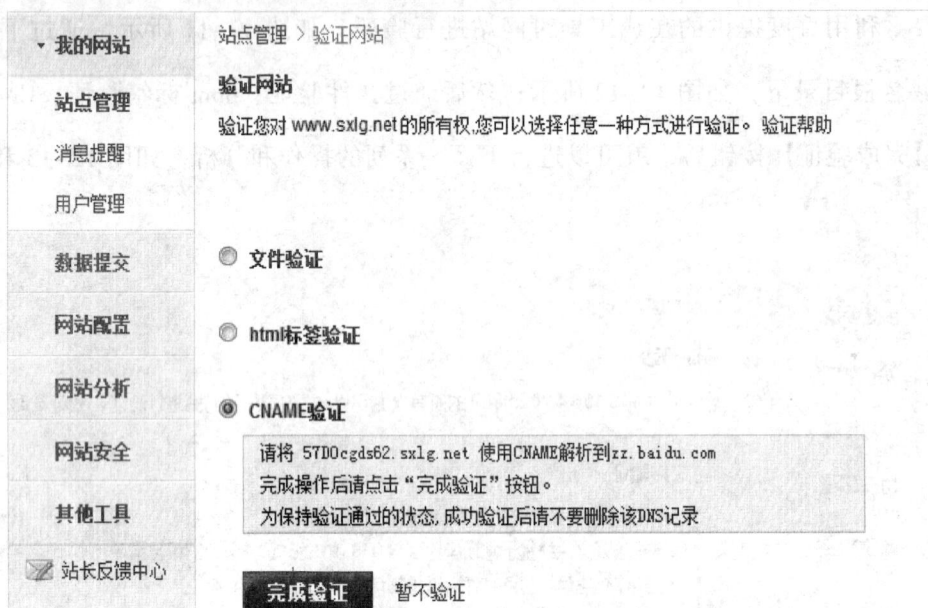

图 12-14 验证网站——CNAME 验证

步骤三：站点完成验证后，进入数据提交操作 Sitemap 部分，Sitemap 是百度引入优质资源的入口，可以通过 Sitemap 工具告知百度您的网站上有哪些可供抓取的优质网页，而将优质资源快速引入并呈现给用户。有助于百度 Spider 更了解您的网站，包括那些传统 Spider 可能发现不了的网页，如图 12-15 所示。

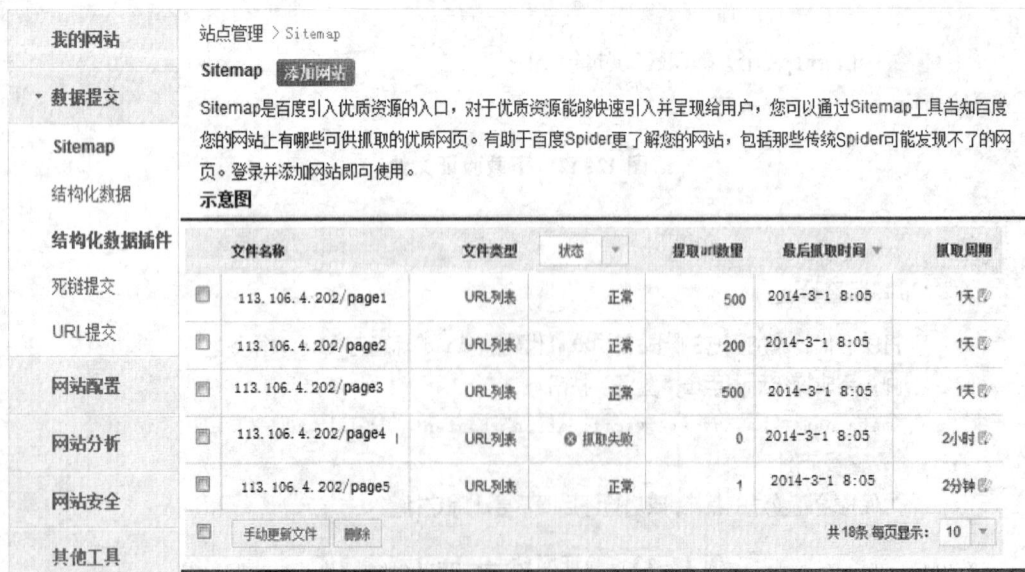

图 12-15 数据提交——Sitemap

数据提交还包括结构化数据工具、结构化数据插件、死链接提交。其中结构化数据工具是百度快速引入结构化数据的入口。对于优质的数据资源，可应用于索引、排序、摘要展现等环节，提高索引量并以结构化摘要样式展现给用户。

死链接提交是搜索出网站中结果的死链等无价值页面，并可将这部分页面设置为 404 页面并通过死链工具向百度进行提交，搜索引擎会快速地对这批页面进行识别并删除。

经过前面一系列的检测，提交想被百度收录的 URL，百度搜索引擎会按照标准处理，能够提高收录提交 URL 的机会。如图 12-16 和图 12-17 所示。

百度 | 站长平台
平台首页
站长工具
站长资讯
站长沙龙
设置
退出
我的网站
数据提交
Sitemap
结构化数据
结构化数据插件
死链提交
URL提交
网站配置
网站分析
网站安全
其他工具
URL提交
百度站长平台为站长提供单条url提交通道，您可以提交想被百度收录的url，百度搜索引擎会按照标准处理，但不保证一定能够收录您提交的url。
请填写URL地址
URL地址
例：www.baidu.com
验证码
点击图片刷新
提交

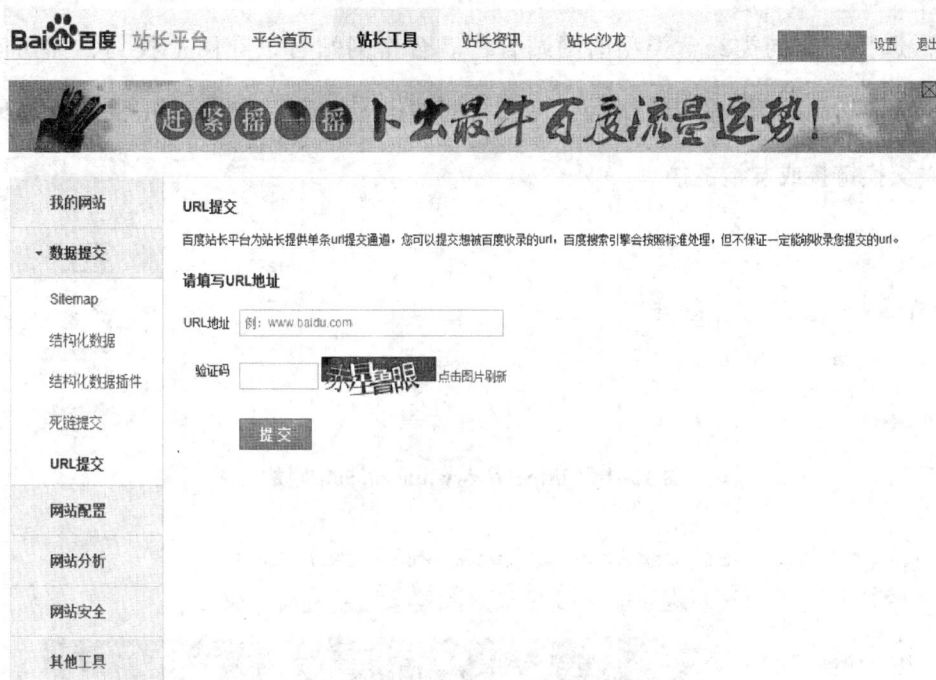

图 12-16　百度搜索引擎页面

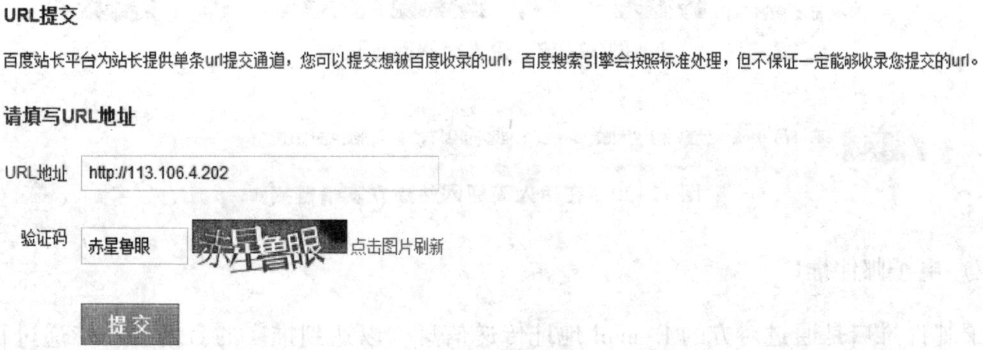

URL提交
百度站长平台为站长提供单条url提交通道，您可以提交想被百度收录的url，百度搜索引擎会按照标准处理，但不保证一定能够收录您提交的url。
请填写URL地址
URL地址
http://113.106.4.202
验证码
赤星鲁眼
点击图片刷新
提交

图 12-17　百度搜索引擎注册

步骤四：可以注册 googlesitemap 查询网站被收录的情况，注册方法：进入 Google 大全，选择右侧的 googlesitemap，这是网站的营销方法。

（二）交换链接

做交换链接或友情链接，首先就要寻找交换链接网站。交换链接一般是具有一定互补优势的网站之间的简单合作形式，我们在选择交换链接网站的时候，考虑到互惠、互利、互补的原则来选择合作网站。

交换链接有图片和文字链接两种主要方式，如果采用图片链接（通常为网站的 Logo），由于各网站的标志千差万别，即使规格可以统一（多为 88×31 像素）。我们针对 e 购尚品网站的经营类型，选择与非同类经营类型的网站合作。合作网站可以在网上找到，如访问 http：//www.tuicao.com/ 网站，如图 12-18 所示，可以与网站伊人简阅网合作，如图 12-19 和图 12-20 所示，建立交换链接或友情链接。

快修达人连锁	汽车	0	0		0	2014-06-17	交换	未启用 313224266
慈溪台球	企业服务	-	-				交换	303843340
松江第一房产网	互联网	-	-		-		交换	未启用 2477539194
伊人简阅网	人文艺术	-	-				交换	未启用 455807925

图 12-18　http：//www.tuicao.com/ 网站

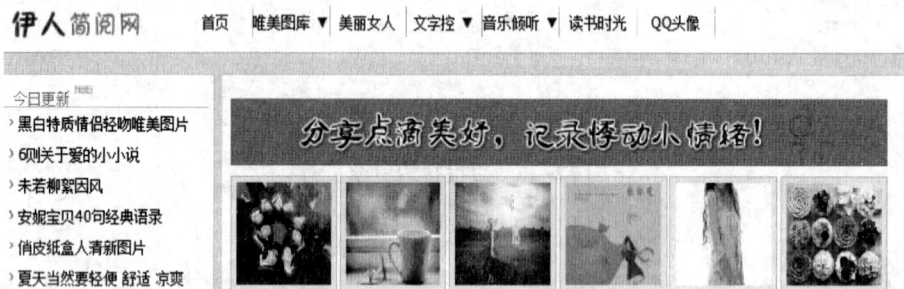

图 12-19　伊人简阅网首页

图 12-20　在伊人简阅网站建立友情链接

（三）电子邮件推广

电子邮件推广是通过对方的 E-mail 地址传递信息，以达到推广的目的。在传递过程中，会涉及滋扰用户的问题，在个人信息控制日渐严密的今天，邮件地址如果是通过非法途径弄来的，如果对方不需要，就被视为对客户的滋扰。所以想要精准投递、操作合法化，就要通过一定的侦查筛选，确认对方是您的目标客户。

利用 QQ、电子邮件等通信工具来为网站推广，这也是网站推广必不可少的一步，好的推广方式带来的成交量是无法估量的。QQ 推广有 QQ 群发布广告形式的推广和利用 QQ 邮箱进行推广。

QQ 邮箱是 QQ 群的一项附加功能，在 QQ 群邮箱发布的邮件，群里的每位成员都可以收到，我们可以利用"1 封邮件可以 N 多人看到"和"新邮件提示消息"这两大属性来推广网站、网店和商品。

步骤一：加 QQ 群，利用 QQ 群查询关键词功能，找一些与店铺或产品相关的 QQ 群，根据查询结果页，选择相应群进行添加。如图 12-21 至图 12-23 所示。

图 12-21 利用 QQ 群查询

图 12-22 查询到的与服装行业相关 QQ 群

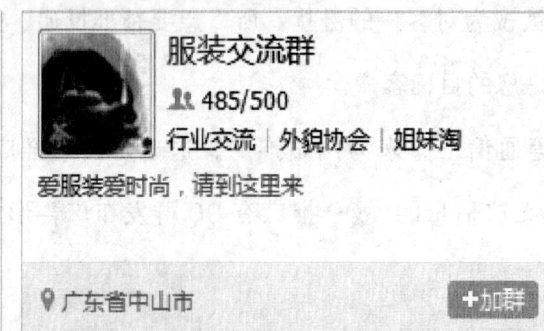

图 12-23 选择加入合适的 QQ 群

步骤二：准备好资料。加群后一般要等 1 天左右才能通过，利用等待的时间，有心准备好宣传资料，这是 QQ 群邮件推广最重要的一步。宣传资料的广告一定要少，最好是妙笔生花的文章；在文章中要将用户需求体现出来，并能为用户需求提供解决的产品选择。如图 12-24 所示。

图 12-24 准备好合适的推广邮件

步骤三：前期工作准备好，就进入发邮件的执行阶段。但发邮件的时候需要注意，每封邮件不能使用相同的标题，每封邮件发送间隔不大于 30 秒，每发送 4~5 封就要休息一会儿，休息时间不低于 1 分钟。QQ 群邮件或电子邮件推广方式不是最佳的推广方式，但推广成本比较小，还是有很多小网站或小网店会选择这种推广方式。图 12-25 是利用 QQ 群发的推广邮件。

图 12-25   QQ 群发推广邮件

（四）博客推广

博客推广是网站、网店众多推广形式中的一种。在淘宝网论坛、网易博客、on city 论坛、猫扑网论坛或一些专业的宣传平台可看到很多推广网站、网店和商品的技术性文章，例如"如何做到一月一钻"、"电子商务平台推广方法"等，这些文章除了向大家分享自己的经验外，更重要的是通过宣传取得浏览者的信任，从而达到推广店铺的目的。例如美莱优品企业博客，博客名称就是企业名称，让阅读者一目了然。博客日志内容可以选用与电子商务相关的，也可以选择不相关的，如图 12-26 所示。

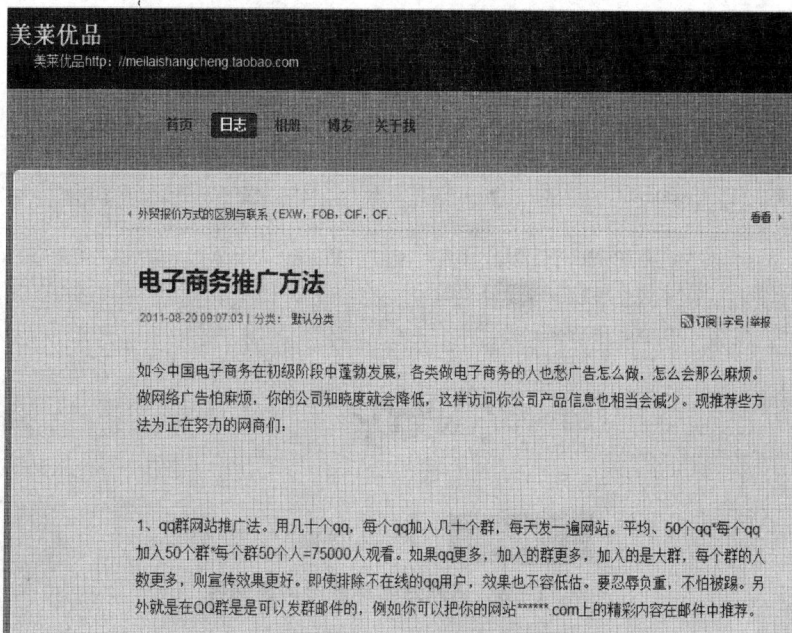

图 12-26   美莱优品博客页面

博客推广的具体操作流程如下：

步骤一：选择合适的博客平台。博客平台的人气直接影响推广效果，一般除了常用的新浪、网易和搜狐外，还有百度空间和很多博客平台等，这里选择网易博客平台。注册一个网易博客（http：//blog.163.com/）账号，或是有网易邮箱可以直接登录博客，并激活博客账号。用网站名称作为博客的昵称和博客名称，如图 12-27 和图 12-28 所示。

图 12-27　网易博客页面

图 12-28　用网站名称注册网易博客

步骤二：发博文。发表的博文，选定的主题很重要。使用博客宣传时，最关键的是吸引浏览者来阅读，好的主题就能带来点击和观众。还有博客内容有一定的看点，发表的博文或日志在网易、新浪、搜狐等平台是不会缺乏观众的。这里以其中一种为例，具体操作是在打开的页面中编写博文，并对其进行相应设置，单击【发表日志】按钮，就可以完成了。如图 12-29 和图 12-30 所示。

图 12-29　写日志

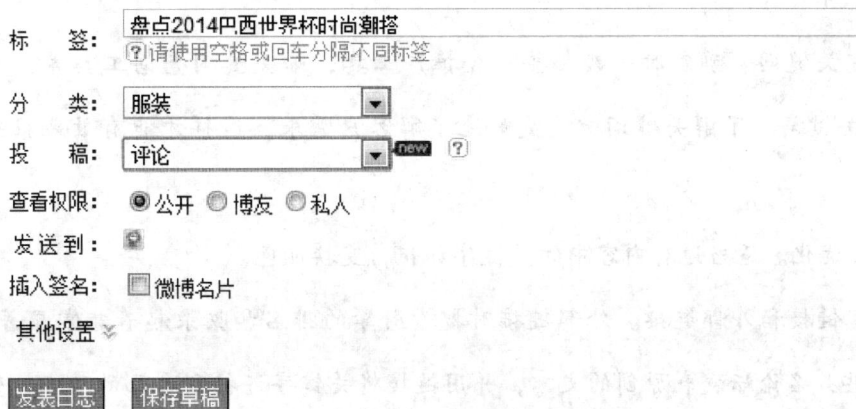

图 12-30　在网易发表日志

　　主题标题选择是很有技巧性的，标题要有煽动性、有新意，如标题"女装专卖"就不如"黑色毛呢外套引领今冬时尚"、"我为呢衣狂"之类的标题。编写博文内容，要有针对网站推广的目的性，做什么产品就选择产品周边的资讯和经验来做内容。好的博文要注重原创性，精心组织的内容会让阅读者有新鲜感；同时广告一定不能多，不能让博文成为纯粹的广告栏，建议博文中最多两处广告。

　　步骤三：宣传推广。在博客平台写好博文后，要把博文进一步进行推广。选择10个或更多不同的博客平台，然后主要对其中一个进行重点宣传。如积极参加与网易的博客活动，然后推广其博客。放在QQ签名或论坛签名里，除了推广网站的网址外，还要加上博客地址，利用博客来宣传网站，会收到事半功倍的效果。

知识拓展

推广网站经验谈

　　利用百度推广自己的网站，与其他的推广方法一样，只有实践才能积累经验，经历过数次失败才能找到成功的捷径。作为一个新的网站，没有推广就没人知道。传统的电视新闻媒体等推广方式成本较大，宣传费用较高，是大部分站长所不能支付的。对于一个不知名的网站，要想取得成功，可借用百度等搜索引擎引来不可估计的访问流量。百度的推广方法主要有以下几种：

　　（1）确定关键词。确定时一般都要结合推广工具，如关键词查询工具等，查找主关键词的相关关键词。了解关键词就是更好地了解客户需求，这样才能有效地推广自己的产品。

　　（2）内容优化。适当地对内容中的关键字加粗，变换颜色。

　　（3）内容链接和外部链接。外部链接对搜索引擎的排名和收录起着非常显著的效果。可以多去一些知名论坛发表原创的文章，并用链接将关键字连接到自己的站点，带来的流量对于一个新站来说也是非常可观的。建议不要群发，1万篇文章每篇浏览一次不见得比一篇文章浏览1万次效果好。

（4）分析来源。可以去51.la、站长统计等站点申请统计，通过统计知道关键词的来源，以此加强关键词内容。

（5）通过搜索引擎入口提交，使搜索引擎的"蜘蛛"找到自己的网站，常用入口如下：

Baidu 网站登录入口 http：//www.baidu.com/search/url-submit.html；

Dmoz 网站登录入口 http：//www.dmoz.com/World/Chinese_Simplified；

搜索引擎收录查询 http：//indexed.webmasterhome.cn/。

（6）交换链接。如果时间充足，不怕辛苦，可以用这种方法准备一些关于自己网站名称，加上网址的 Logo，可以通过广告联盟在多个网站之间通过弹出窗口的形式互换访问量，可通过这种方式获得同样回报的访问量。

职业能力训练

一、选择题

1. 下面的选项中（ ）是属于在网上查找资料的工具。

A. 搜索引擎　　　　　　　　　　B. 站长统计

C. 网络营销专家　　　　　　　　D. 以上都不是

2. （ ）不属于搜索引擎网站。

A. 百度（Baidu.com）　　　　　　B. 谷歌（Google.cn）

C. 雅虎（Yahoo.com）　　　　　　D. 淘宝（taobao.com）

3. （ ）不属于网站推广软件。

A. 大型贸易群发软件　　　　　　B. 域名管理系统

C. 博客推广工具　　　　　　　　D. 论坛群发软件

二、填空题

1. 电子商务网站推广是指采用_____，让尽可能多的用户了解并访问网站。

2. 电子商务网站推广的两大意义是_____和_____。

3. 推广网站的形式包括_____、_____、_____、_____、_____、_____。

4. _____ 和 _____ 是搜索引擎推广中的两个最基本要素。

5. 网站推广的要素有 _____ 、 _____ 、 _____ 、 _____ 、

_____ 。

观念应用训练

　　为了提高新推出的网站访问量和销售量，公司安排小晖取代小刘为新网站推广营销的业务主管。小晖上任后，经过一个月熟悉业务，再利用一个月跟进业务，新网站的访问量和销售额就有了突破性的提升，受到了公司领导的表扬和同事的肯定。小刘看到这个情况，虚心地向小晖请教取经，小晖笑笑说："刘主管，我还是按你以前的推广方案进行，因为你的推广方案已经制定得很全面、很完善了，我只是在执行的时候全面跟进，把每一个细节都做到位，仅此而已。"

　　这则故事，充分地印证了"细节决定成败"这句话，也体现了细节在电子商务营销或推广中的作用。其实，说起来很简单，做起来很不简单。

　　在生活中我们经常会遇到相同的问题。同一件事，别人非常简单就做成功了，而自己付出很多，也没有取得想要的效果，原因是什么呢？看看下面这则故事，或许对你有所触动。

　　某公司招聘一名业务主管，在经过几轮残酷的考核淘汰之后，只剩下了三个人。三位应聘者在前几轮的测试中表现得都十分出色，公司难以定夺。于是增加了一次测试：在桌子上放了几张白纸和一支注满了墨水的钢笔，让三位应聘者在纸上写下各自的简历。

　　应聘者甲坐到桌前，拧开钢笔正要写字，恰好钢笔漏下了一滴墨水，不偏不倚地落到了洁白的纸上。应聘者甲慌忙把滴上了墨水的纸揉成一团，重新拿了一张纸写起简历来，短短一份简历用了四张纸。

　　应聘者乙发现钢笔漏水后，从容地从西服口袋里拿出自己的笔，顺利地写完了简历。

　　应聘者丙发现钢笔漏水后，并没有急着书写简历，而是不慌不忙地拧开钢笔，小心地排出了储墨囊里过多的墨水。钢笔不再漏水，他自然写得格外从容。

　　经过这轮测试，公司决定留下应聘者丙担任业务主管。当另外两名应聘者问起他们落

选的原因时，公司给出的理由是：论学历、资历，你们几乎不分高下，但是应聘者丙愿意寻找问题的根源，并且能想办法去解决问题，从这一点上看，他要比你们高明。

在人生的竞技场上，有时候注重细节能使你得到命运之神的垂青，能帮你获得成功。而所谓注重细节，就是拥有一颗永远都在思考、永远都保持着好奇的心；注重细节能帮你找出问题，还有一个关键是想办法解决问题，这就是取得成功的真正原因。

请记住：注重细节是一种能力，解决问题更是一种能力。

情景模拟训练

假设要你为一家小家电网站进行推广，请根据本节课所学内容分析小家电网站的竞争力并提出具体的推广方案。

任务 13 网站的管理与维护

任务目标

通过本任务实训，使学生了解电子商务网站的管理与维护，掌握电子商务网站管理与维护的方法。

项目任务书

任务名称	网站的管理与维护	任务编号		时间要求	分钟
要求	1. 电子商务网站管理维护的必要性 2. 电子商务网站管理维护的主要任务 3. 电子商务网站管理人员的主要工作职责 4. 电子商务网站管理制度的主要相关内容				
重点培养的能力	电子商务网站管理能力、团队合作能力、业务处理能力、数据分析能力、总结概括能力				
涉及知识	电子商务网站管理、电子商务网站维护				
教学地点	教室、机房	参考资料		e购尚品商城系统	
教学设备	投影设备、投影幕布、电脑、互联网				

训练内容

1. 听教师讲解案例及相关的知识（时间约　　分钟）
2. 制订工作计划，了解团队要做什么，要达到什么样的目的（时间约　　分钟）；组长进行分工安排，每个人在自己的项目任务书相应栏进行记录（时间为　　分钟），组员开始行动
3. 分组确定电子商务网站管理规划：搜索（时间约　　分钟）、下载（时间约　　分钟）
4. 提出电子商务网站管理维护方案

训练要求

在完成任务的过程中能自主学习并了解电子商务网站管理和维护的有关知识；能够在规定的时间内完成相关的电子商务网站管理维护任务；能够制订详细的电子商务网站管理维护方案；能够在规定的时间内，撰写出分析报告；工作效率高，团队合作较好

成果要求及评价标准

成果要求：需提交下列书面文件。
　　1. 本项目组成员的分工情况
　　2. 本项目组在搜索后确定电子商务网站管理的整体规划
　　3. 对规划设计的每一步提出规划方案

评价标准：
　　1. 对电子商务网站管理维护工作完全掌握，对电子商务网站管理维护工作描述正确，资料整理有条理；分析报告质量高
　　2. 对电子商务网站管理维护工作基本掌握，对电子商务网站管理维护工作描述基本正确；分析报告质量较高
　　3. 对电子商务网站管理维护工作掌握部分内容，对电子商务网站管理维护工作的描述部分正确；分析报告质量一般
　　4. 对电子商务网站管理维护工作未掌握，对电子商务网站管理维护工作描述不正确；分析报告质量差

符合上述标准1，成绩为优秀，可得90~100分；符合标准2，成绩为良好，可得70~80分；符合标准3，成绩及格，可得60~70分；符合标准4，成绩为不及格，得分60分以下；介于这几种标准之间的，可酌情增减分

任务产出一	成员姓名与分工	成　员	学　号	分　工
		组　长		
		成员1		
		成员2		

续表

		成员3			
任务产出一	成员姓名与分工	成员4			
		成员5			
		成员6			
任务产出二	对电子商务网站管理维护工作的说明及所提出的改进建议				
项目组评价				总分	
教师评价					

情景导入

一个电子商务网站建设完毕并不意味着网站工作的结束，而是网站管理与维护工作的开始。作为网站管理者，你如何管理维护一个电子商务网站呢？

说说你所了解的管理维护电子商务网站的方法。

搜索现在网络上较流行的电子商务网站，比较不同电子商务网站的管理方法。

思考：尝试分析总结各电子商务网站管理的特点，对网站管理维护提出改进意见。

知识链接

一、管理维护电子商务网站的必要性

电子商务网站投入运营后能否产生应有的效益，很大程度上依赖于网站内容的丰富程度、网页的制作和网页的更新程度。一个内容丰富、定期维护更新的电子商务网站才会受到欢迎。所以在网站运行后，还要对网站进行长期的不间断的管理、维护和更新。对网站和数据的后期维护往往是大家容易忽视的问题，如果网站长时间不更新，不仅不能吸引新客户，还会失去老客户。所以，必须在网站建设之初就制定维护的相关规定，确保实现预定的目标。

电子商务网站的管理和维护是持续时间最长的环节，也是资源投入最多的阶段。这个阶段工作质量的高低，直接关系到网站目标最终能否实现。

一个管理混乱的电子商务网站不仅不能给企业创造预期的效益，还有可能造成企业形象受

损而因此失去很多客户，而真正意义上的网站也是一种动态的、交互性很强的网站，其运作具有延续性的特点。

在电子商务网站的运行中，无论是对网页的管理，还是对网站软硬件、用户或物流的管理，其目的都是保证电子商务网站中的信息流有序、快速、安全地流动。电子商务网站的管理是保证企业的网上业务处理安全顺利地进行，并确保整个网站内容的完整性和一致性，从而为企业电子商务的运作提供良好的服务。

二、电子商务网站管理人员的主要任务

（1）保证网站不间断地提供信息服务，维护网络软件系统和硬件设备。

（2）负责网页设计及网站信息的采集、编辑整理工作。

（3）及时更新已变化的信息，删除失效信息。不得发布虚假和欺骗信息。

（4）负责网站内容更新、信息安全、资料备份和保密工作。

（5）定期查看运行记录、资源使用情况、备份数据，检查硬件。

三、电子商务网站相关制度

维护及管理网站必须建立相应的管理制度，以保证网站发挥其效用。网站管理制度包括以下内容：

（1）网站管理人员制度。从事电子商务网站管理的人员要具有一定的技术基础，应选拔责任心强、具有良好职业道德和突出岗位技能的人员来从事网站管理工作。

（2）保密制度。电子商务网站系统涉及企业的市场、生产、财务、供应和销售等多方面的信息，其中有些信息属于商业机密，企业应该根据信息的具体情况实行分级管理，重点保护，制定相应的保密制度。

（3）网站的日常维护制度。包括日常性的对网站硬件、软件系统进行维护和管理的制度。网站管理人员应严格执行这些管理制度，确保网站的正常运行。

![思考图标] **思考**

如何管理、维护一个电子商务网站?

（1）电子商务网站的管理工作主要包括哪些内容?

（2）网站管理员维护一个电子商务网站的流程是什么?

（3）如何更有效地管理一个电子商务网站?

![应用案例图标] **应用案例**

亚马逊购物网站

总部位于美国西雅图的亚马逊网站于 1995 年 7 月成立，其创建人 Jeff Bezos 是在一台笔记本电脑上开始构思自己的业务计划的，他的思路是将 Internet 作为一种新的流通渠道来为消费者提供适合这种渠道的消费品，这种渠道的优势在于为消费者提供每年 365 天、每天 24 小时更便利和更高效率的销售方式，并有效地降低消费成本。亚马逊网络购物中心凭借其庞大的资料库、周到迅捷的服务和深入人心的品牌，当之无愧地成为最佳在线图书商，而且被誉为最佳在线购物网站。其网上销售内容也越来越丰富，产品从最初的图书已扩展到包括音像制品、电子办公用品、体育用品、服装、玩具、首饰、家居用品等在内的众多类型的商品。

亚马逊通过对网站的管理，及时更新网站内容。网站上线运营后，为进一步提高对客户影响力和吸引力，亚马逊网站的内容定时更新，及时把最新、最有价值的产品信息或者新闻发到网站上，对过时信息或无用信息定期清理，从而提高网站的性能，提升网站的访问率，同时也能够提高主流搜索引擎的收录比例和整体的访问率。

资料来源：http://www.haihongyuan.com/jingjixue/699299.html.

名人名言

21世纪世界上只有两种生意，就是拥有网站的企业和将被收盘的生意。

——比尔·盖茨

任务示范

e购尚品网站管理与维护

（1）订单管理。为了实现网站或网店的日常交易活动，网站管理人员需要通过网站管理后台查看订单，打印订单和删除订单，如图13-1所示。

订单管理

❗ **提 示：**						隐藏 ⊟

- 点击会员ID链接可查看该会员的所有订单。
- 会员ID显示为"游客"，则该订单为非注册会员订购。
- 删除订单所选订单会被放入订单回收站，您可前往回收站彻底清除或恢复。

全部订单(3)	新订单(3)	支付成功订单(0)	已发货订单(0)	货到付款订单(0)	完成的订单(0)

请输入订单号关键字	类型 ▼	查询	高级搜索		按下单时间从新到旧 ▼

选项	订单号	订单金额	会员ID	收货人姓名	下单时间	订单状态	操作
☐	2014610-21635727-15833	206.10	sxlg520	张三丰	2014/6/10 15:08:33	新订单	查看 / 打印 / 删除
☐	2014528-21635727-84915	200.30	yougu520	幽谷	2014/5/28 8:49:16	新订单	查看 / 打印 / 删除

图13-1　订单管理页面

（2）留言管理。网站管理员在后台可设定评论/留言选项，对评论/留言进行审核、回复、修改、删除等操作，如图13-2所示。

评论/留言选项设置

图 13-2　评论/留言选项页面

（3）商品评论管理。网站管理员对客户的评论进行修改/提升/隐藏/删除等操作，如图 13-3 所示。

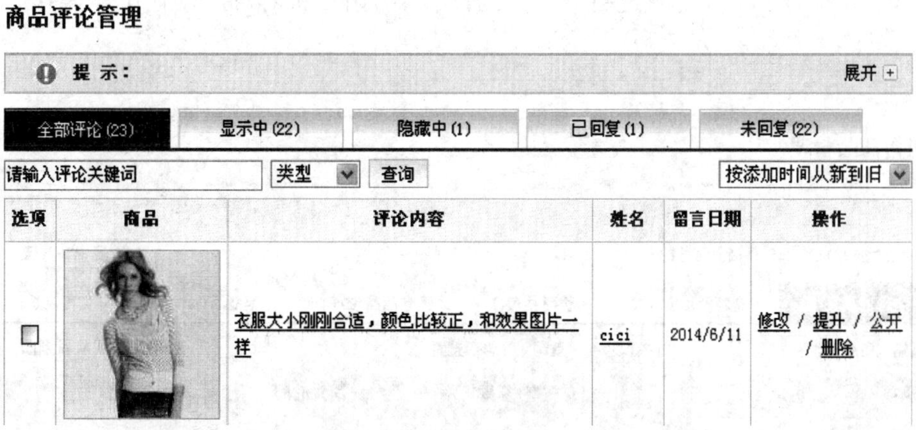

商品评论管理

图 13-3　商品评论管理页面

（4）会员管理。会员是电子商务网站的重要资源。凡是访问本站并注册为会员的访客是网站销售的潜在对象。会员注册一般是在首页点击【注册】按钮同意注册条款，输入相应注册资料完成即可，如图 13-4 所示。

会员管理

提 示： 展开 +

全部会员(6) | 青铜会员(6) | 白银会员(0) | 黄金会员(0) | VIP会员(0)

请输入会员ID关键字 | 类型 | 查询 | 高级搜索 | 按注册时间从新到旧

选项	会员ID	会员姓名	E-mail	会员级别	预存款	积分	消费总金额	注册时间	上次登录	操作
□	cici		11@qq.com	青铜会员	0.00	0	0.00	2014/6/11	2014/6/11	修改 / 删除
□	zszhangsf	张真人	12356896@qq.com	青铜会员	0.00	0	0.00	2014/6/10	2014/6/10	修改 / 删除
□	sxlg520		125607093@qq.com	青铜会员	0.00	0	0.00	2014/6/9	2014/6/10	修改 / 删除

图 13-4　会员管理页面

（5）账户明细。账户明细管理是对账户所有交易进行汇总的管理，包括通过电子商务网上完成的各类交易的明细，如图 13-5 所示。

预付款充值消费明细

提 示： 展开 +

全部记录(7) | 充值记录(7) | 消费记录(0)

请输入会员关键字 | 类型 | 查询 | 按发生时间从新到旧

选项	会员ID	事项	订单号	发生时间	发生金额	预付款余额	操作
□	123456	注册获赠		2009-5-14 21:14:18	9.00	9.00	全部 / 删除
□	3gushop	推荐会员购物提成（123123）	2009511-20091595-213712	2009-5-11 21:38:42	2.48	26.12	全部 / 删除

图 13-5　账户明细管理页面

（6）销售管理。可以对商品进行修改/提升/下架/删除/推荐/特价/清仓等操作，如图 13-6 所示。

销售商品管理

提 示： 展开 +

您已成功发布 115 件商品信息！ 添加新商品

全部商品(115) | 推荐商品(87) | 特价商品(94) | 清仓商品(90) | 上架商品(115) | 下架商品(0)

请输入商品关键字 | 类型 | 查询 | 高级搜索 | 按添加时间从新到旧

选项	图片	信息类型+标题	添加时间	操作
□	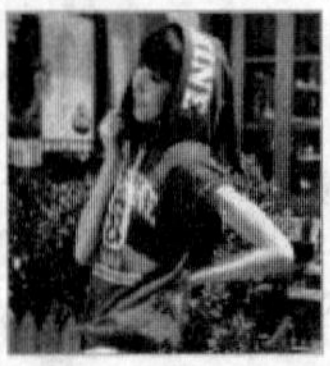	【推荐】【特价】【清仓】时尚运动带帽衫 商品分类：运动 >> 基础系列 >> POLO衫 市场价：￥249.00 商城价：￥79.00 青铜会员：￥ 75.05 白银会员：￥ 71.10 黄金会员：￥ 67.15 VIP会员：￥ 63.20 被访问次数:28次 销售数量:6件	2011-7-8	设置搭配商品 修改 / 提升 / 下架 / 删除 取消推荐 / 取消特价 / 取消清仓

图 13-6　销售管理页面

（7）商品分类管理。对商品种类进行添加/修改/删除等操作，如图 13-7 所示。

商品分类管理

商品分类	操作			
女装 (58)	广告设置	添加分类	查看修改	删除分类
男装 (49)	广告设置	添加分类	查看修改	删除分类
童装 (65)	广告设置	添加分类	查看修改	删除分类
鞋 (51)	广告设置	添加分类	查看修改	删除分类
运动 (61)	广告设置	添加分类	查看修改	删除分类
配饰 (58)	广告设置	添加分类	查看修改	删除分类
箱包 (48)	广告设置	添加分类	查看修改	删除分类

提示：　　　　　　　　　　　　　　　　　　　　展开 +

分类管理首页　新建商品分类　一级分类排序　N级分类排序

图 13-7　商品分类管理页面

（8）新闻管理。可以对网站新闻进行添加/修改/删除/提升/固顶/显示等操作，如图 13-8 所示。

新闻公告

提示：　　　　　　　　　　　　　　　　　　　　展开 +

您已成功发布 6 条 新闻公告。　　　　　　　　　发布新闻公告

全部新闻(6)　显示中(6)　隐藏中(0)　固定新闻(1)

请输入新闻关键词　类型▼ 查询　　　　　　　按添加时间从新到旧▼

选项	标题	商品分类	访问数	发布时间	操作
☐	把网络营销做好的4个基础 【显示】	商城新闻	4	2010-3-8 7:16:26	修改 / 提升 / 删除
☐	传统批发市场与网络批发商城的对比 【显示】	商城新闻	7	2010-3-8 7:06:55	修改 / 提升 / 删除
☐	电子商务助力中小企业渡难关 【显示】	商城新闻	5	2010-3-8 6:57:16	修改 / 提升 / 删除
☐	数据显示：网络购物影响力越来越大 【显示】【固顶】	商城新闻	36	2010-3-8 6:45:42	修改 / 提升 / 删除
☐	今年广州电子商务交易额拟超四千亿 【显示】	商城新闻	7	2010-3-8 6:39:23	修改 / 提升 / 删除
☐	八成销售来自于第4至11次客户跟踪 【显示】	商城新闻	15	2010-3-8 6:21:59	修改 / 提升 / 删除

☐全选　显示　隐藏　固顶　取消固顶　提升　删除

图 13-8　新闻管理页面

👍 **职业能力训练**

1. 电子商务网站管理与维护的制度包括_____、_____、_____。

2. 一个好的网站需要定期或不定期地_____，才能不断地吸引更多的浏览者，增加访问量。

3. 网站管理人员需要通过_____查看订单，处理订单。

4. 当网页测试发布结束后，网站进入正常运行期，这时的主要工作就是_____。

👍 **观念应用训练**

小王和所有的员工一样，每天都要承受来自生活和工作上的许多压力，这时候，调整心态很重要，有一个阳光的心态生活也会充满阳光。那么小王如何才能让自己有一个阳光的心态呢？

阳光心态的主要内涵是什么？

第一，不能改变环境就适应环境。

第二，不能改变别人就改变自己。

第三，不能改变事情就改变对事情的态度。

第四，不能向上比较就向下比较。

如何培养阳光心态呢？

第一步：养成一种习惯，发现生活的美好方面。

今天下雨了，道路拥挤，司机都着急，有的人急得直骂。感恩吧，下雨空气湿润有益健康。要接受自己、接受别人、接受现实。要学会欣赏每个瞬间，要热爱生命，相信未来一定会更美好。

第二步：宽容过去。

要学会忘记、谅解、宽容。不原谅等于给了别人持续伤害你的机会，帮了别人的忙。

第三步：学会利用现有资源把事情做成而不是消极等待。

敞开心扉拥抱这个世界吧！为你的选择全力以赴，你不会后悔。做事不完全投入，你将失去另一个机会，你现在走的每一步都是通向未来的进步阶梯。

第四步：服务他人。

金钱的价值在于使用，人的生命价值在于被需要。有人把生命比作一团火，我向生命之火取暖，当火熄灭的时候，我就该走了。

活在当下，导向未来，就能使你每天获得阳光心态。

情景模拟训练

根据本任务内容制作一份电子商务网站管理制度，找出网站管理方面存在的问题并提出解决办法。

思维拓展训练

（1）作为电子商务网站的管理人员，发现最近几天网站留言板上经常出现客户的一些恶意评价，你怎么处理这个问题？

（2）电子商务网站运行了一段时间之后，网站管理人员发现经常有用户在你的网站上发布各种广告信息，广告的链接指向了另外一个电子商务网站，你如何解决这个问题？

任务 14　网站的安全

任务目标

通过本任务实训，学生了解电子商务网站安全的概念，掌握维护电子商务网站安全的方法，理解防火墙的概念。

项目任务书

任务名称	网站的安全	任务编号		时间要求	分钟
要求	1. 电子商务网站安全的概念 2. 维护电子商务网站安全的主要任务 3. 维护电子商务网站安全的主要方法 4. 防火墙的基本概念及作用				
重点培养的能力	具有独立分析问题的能力，具有能诊断、检测网站存在的安全隐患的能力，具有防范网站安全隐患的能力，具有消除网站病毒、确保网站安全的能力				
涉及知识	电子商务网站安全管理、电子商务网站防火墙应用				
教学地点	教室、机房	参考资料		e购尚品商城系统	
教学设备	投影设备、投影幕布、电脑、互联网				

训练内容

1. 听教师讲解案例及相关的知识（时间约　　分钟）
2. 制订工作计划，了解团队要做什么，要达到什么样的目的（时间约　　分钟）；组长进行分工安排，每个人在自己的项目任务书相应栏进行记录（时间为　　分钟），组员开始行动
3. 分组确定电子商务网站安全规划：搜索（时间约　　分钟）、下载（时间约　　分钟）
4. 提出电子商务网站安全维护方案

训练要求

在完成任务的过程中能自主学习并了解电子商务网站安全的概念和掌握维护电子商务网站安全的相关知识；能够在规定的时间内完成相关的电子商务网站安全维护任务；能够制订详细的电子商务网站安全管理方案；能够在规定的时间内，撰写出分析报告；工作效率高，团队合作较好

成果要求及评价标准

成果要求：需提交下列书面文件。
　　1. 本项目组成员的分工情况
　　2. 本项目组在搜索后确定电子商务网站安全维护的主要内容
　　3. 对维护网站安全提出解决方案
评价标准：
　　1. 对电子商务网站安全维护工作完全掌握，对电子商务网站安全维护工作描述正确，资料整理有条理；分析报告质量高
　　2. 对电子商务网站安全维护工作基本掌握，对电子商务网站安全维护工作描述基本正确；分析报告质量较高
　　3. 对电子商务网站安全维护工作掌握部分内容，对电子商务网站安全维护工作的描述部分正确；分析报告质量一般
　　4. 对电子商务网站安全维护工作未掌握，对电子商务网站安全维护工作描述不正确；分析报告质量差
符合上述标准1，成绩为优秀，可得90~100分；符合标准2，成绩为良好，可得70~80分；符合标准3，成绩及格，可得60~70分；符合标准4，成绩为不及格，得分60分以下；介于这几种标准之间的，可酌情增减分

续表

任务产出一	成员姓名与分工	成 员	学 号	分 工
		组 长		
		成员1		
		成员2		
		成员3		
		成员4		
		成员5		
		成员6		
任务产出二	对电子商务网站安全维护工作的说明及所提出的改进建议			
项目组评价			总分	
教师评价				

情景导入

电子商务网站已经正常运行了一段时间了，但是最近发现网站页面的内容被人恶意修改了，管理员立即进行了网站的安全检查，发现管理员账号的密码已经泄露，作为网站管理员，你会如何加强电子商务网站的安全管理？

说说威胁电子商务网站安全的内容。

搜索现在网络上较流行的电子商务网站，比较不同电子商务网站安全的管理方法。

思考： 尝试分析总结各电子商务网站安全管理的特点，对网站安全维护提出改进意见。

知识链接

一、威胁电子商务网站安全的主要因素

（一）计算机系统安全漏洞

由于电子商务网站操作系统、Web服务器、代码及脚本等的漏洞，导致电子商务网站很容易被攻破，可能导致网络安全和信息泄露，容易导致病毒、黑客的入侵，非法盗取或破坏大量的商业资料，甚至造成系统瘫痪，导致很大的经济损失。操作系统是网站的核心系统，要力争其使用安全、配置安全、运行安全。

（二）计算机病毒

计算机病毒，是指在计算机程序中插入的破坏计算机功能或者毁坏数据，影响计算机使用，并能自我复制的一组计算机指令或者程序代码。目前 80% 的计算机病毒都是通过网络传播。联网计算机病毒的传播速度是单机的 20 倍。计算机病毒的危害是不可忽视的，病毒以蠕虫、病毒邮件等形式通过互联网迅速地传递，隐蔽地侵入网站内部，盗取、破坏网站数据资料，造成用户数据丢失或毁损，造成网络阻塞或系统瘫痪。

（三）黑客攻击

黑客最早源自英文 Hacker，原指热心于计算机技术、水平高超的计算机专家，尤其是程序设计人员。今天，黑客一词已被用于泛指那些拥有高超的编程技术、专门利用计算机网络搞破坏或恶作剧的人。黑客因为拥有了极高的编程能力，可以对电子商务网站内容做出修改，或运行某种程序、脚本来达到破解目的。

（四）网页仿冒

非法者通过建立与真正电子商务网站名字相同或页面内容相似的一个网站假冒销售者，以致造成虚假订单，获取他人机密数据。如：

淘宝网的真实地址：http://www.taobao.com，

仿冒淘宝网的地址：http://item.taobao.com.xxx.com。

非法者提供假冒网站的链接地址，一旦用户通过假网站的链接进行订购以及在线支付，消费者往往财产受损。

二、电子商务网站安全的主要内容

（一）电子商务网站信息安全

电子商务网站信息被盗取、篡改，受到攻击、网络诈骗以及网络钓鱼等威胁。

（二）电子商务网站系统安全

电子商务是开放、自由的交易，确保电子商务网站系统的安全是十分重要的。对于一个网站而言，系统的安全尤为重要。

（三）网络交易平台的安全

通过有安全保证的电子商务交易平台，在线交易的客户才会具有安全感，电子商务网站才会具有发展的空间。

（四）网站安全管理制度

从构建电子商务网站之前，就开始制定一套完整的、适应网络环境的安全管理制度，包括工作人员安全、网站交易安全等。从事电子商务的工作人员，不仅要熟练掌握商务操作流程，更重要的是还要有保密意识。

三、维护电子商务网站安全的主要方法

（一）升级操作系统

操作系统是管理计算机的核心系统，操作系统的安全性直接关系到电子商务网站的安全，为了提高操作系统的安全，应选择安全可靠的操作系统，杜绝使用来历不明的软件。用户可安装操作系统保护与恢复软件，并作相应的备份。通过定期对操作系统可能存在的安全漏洞进行扫描，对扫描到的漏洞自动修复，保护应用程序和数据免遭盗用、破坏。

（二）电子商务网站数据备份

在网站数据的安全保护措施中，对数据进行备份是最基础也是最重要的手段。从意外断电到黑客入侵乃至管理员不经意的操作失误，都会影响网站的正常运行，甚至造成整个网站完全瘫痪。备份的意义就在于，当访问网站发生错误后，通过已经备份的数据快速、简单、可靠地恢复一个立即可用的系统和数据。

（三）安装网络杀毒软件及防火墙，提高网站的防御能力

安装优秀的正版的反病毒软件，如瑞星杀毒软件、卡巴斯基、360安全卫士等，能够提高网站整体防病毒的能力。在互联网入口处安装防火墙，将病毒隔离在局域网之外。并经常进行查毒、杀毒，开启所有病毒实时监控功能，对网站的服务器进行监控，分析、判断是否有非法攻击或病毒入侵。

（四）设置复杂的用户名和密码

电子商务网站可能由于密码太弱、太简单，使得网站管理出现了漏洞，给入侵者提供了可乘之机。一些网站管理员为了记忆方便，会以admin、manager、webmaster等作为用户名，也有用123456、admin、88888888等作为管理员密码，这些弱密码是很容易被猜到的。

四、防火墙技术

防火墙是指设置在内网与外网入口处或网络安全域之间的一系列软件或硬件设备的组合。其目的是阻止对信息资源的非法访问，也可以使用防火墙阻止信息被非法窃取。防火墙是用来保护内部网安全的系统，它通过控制和监测网络之间的信息交换和访问行为来实现对网络安全的有效管理。

高智能、高性能防火墙是未来发展的趋势。面对网络入侵行为，防火墙会智能识别判断，进行后台处理。对于可能会发生的入侵行为，防火墙会警告提醒。

思考

如何做好电子商务网站的安全维护工作？

（1）电子商务网站的安全主要包括哪些内容？

（2）电子商务网站常见的安全问题有哪些？

（3）如何维护电子商务网站的安全？

应用案例

电子商务网站安全案例

某电子商务网站运行于 Windows Server 系统上，该网站管理员在某一天发现其网站上的用户资料和产品数据库被入侵者完全删除！严重之处更在于该数据库没有备份，网站运行半年来积累的用户资料全部丢失。系统管理员反复检查原因，通过 web 日志发现入侵者的调用 web 程序记录，确定了入侵者的位置。这件事情给公司带来的损失是很严重的，丢失了半年的工作成果。

网站管理员通过对网站的管理，及时发现漏洞所在。为进一步提高网站的安全性，管理员对网站及时进行了升级，同时将网站数据进行备份，最大程度上保证了网站的安全性。

资料来源：http://hi.baidu.com/chunchunweihua/item/d9ea4a665402c4136895e654.

未来要么电子商务，要么无商可务。

——比尔·盖茨

任务示范

e购尚品网站安全维护

定时升级 e 购尚品网站操作系统，保证系统处于最新的状态。以 Windows Server 2003 系统为例，鼠标右键点击"我的电脑"—系统属性—自动更新，如图 14-1 所示。

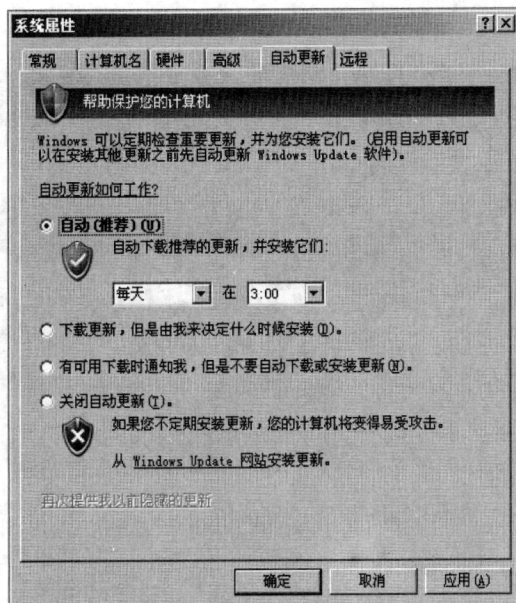

图 14-1 设置操作系统自动更新

为了保证网站的安全交易活动，网站管理员需要通过杀毒软件来扫描网站中的木马及病毒程序。

（1）打开瑞星网站 http：//www.rising.com.cn/，查找并下载瑞星杀毒软件，如图 14-2 所示。

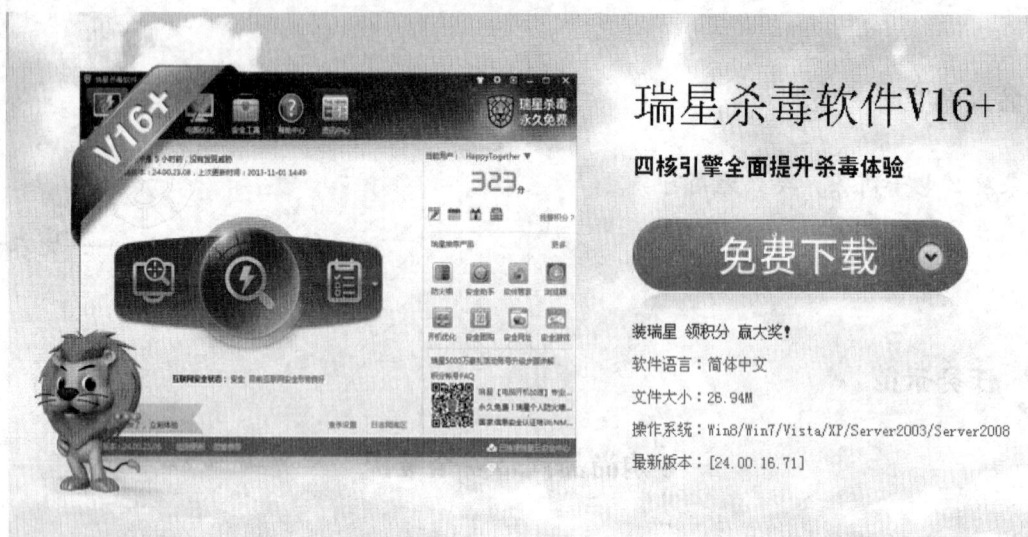

图 14-2 瑞星杀毒软件下载页面

（2）双击从网站下载的杀毒软件安装包，开始安装，选择安装位置，如图 14-3 所示。

图 14-3 瑞星杀毒软件安装位置

（3）软件安装过程进度，如图 14-4 所示。

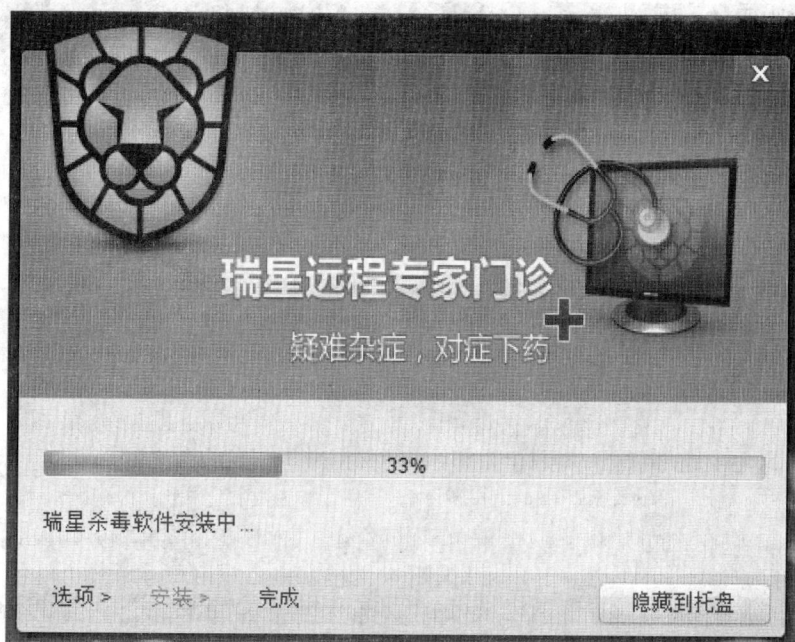

图 14-4　瑞星杀毒软件安装过程

（4）点击"完成"按钮，安装完毕，如图 14-5 所示。

图 14-5　完成安装界面

（5）杀毒软件运行界面，如图 14-6 所示。

图 14-6　瑞星杀毒软件运行状态

（6）正在查杀计算机病毒，如图 14-7 所示。

图 14-7　查杀计算机病毒

为了提高网站的防御能力，避免受到黑客攻击和入侵，网站管理员需要通过安装防火墙软件实现。

（7）登录 http：//www.sky-deep.com 网站，搜索、下载深空 web 应用防火墙软件，如图 14-8 所示。

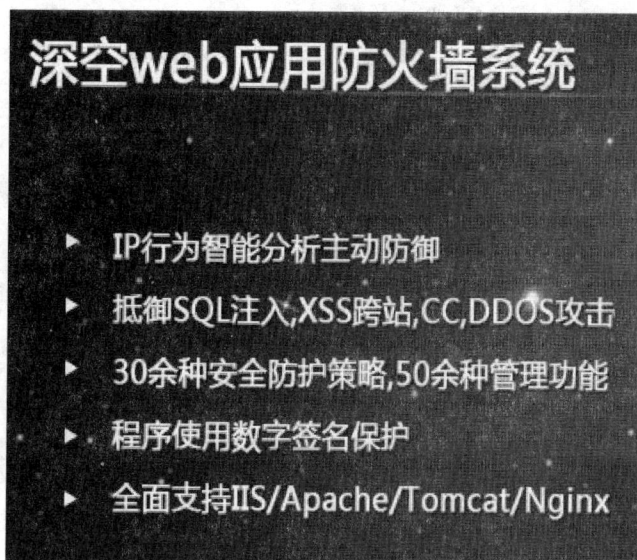

图 14-8 深空 web 应用防火墙系统

（8）首先安装深空 web 应用防火墙系统，选择"我已认真阅读并同意上述协议"，进入下一步，如图 14-9 所示。

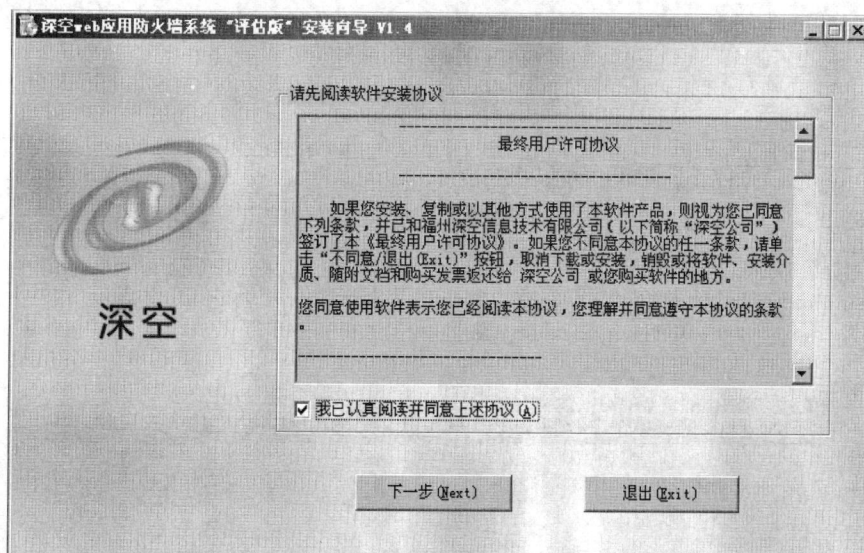

图 14-9 软件安装许可协议

（9）在安装之前先停止 IIS 服务器，点击"停止 IIS"按钮，选择安装目录，点击"开始安装（Install）"，如图 14-10 所示。

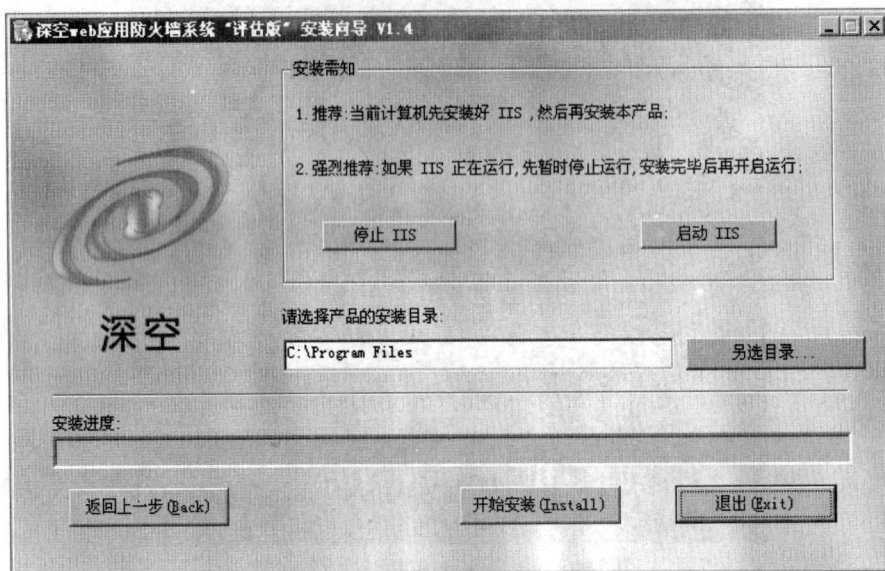

图 14-10　选择安装目录

（10）安装完成后，会要求启动 IIS 服务器，如图 14-11 所示。

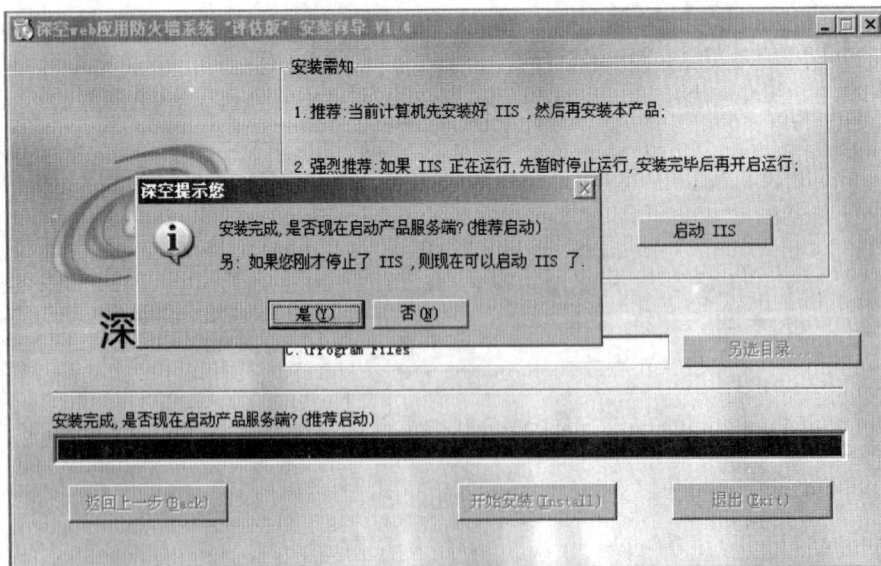

图 14-11　启动 IIS 服务器

（11）点击"退出（Exit）"按钮，完成安装，如图 14-12 所示。

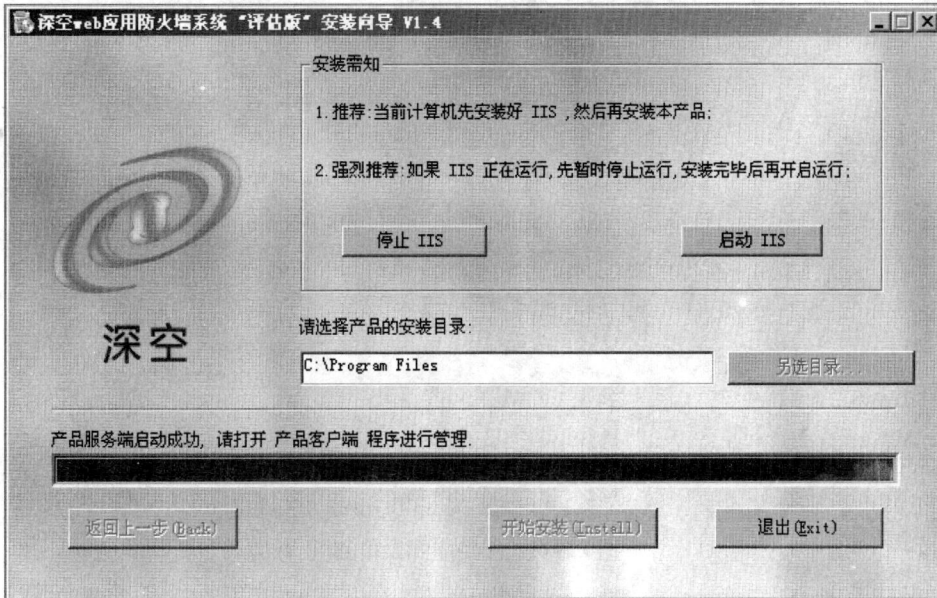

图 14-12 安装完成

（12）安装完成之后，启动"深空 web 应用防火墙–管理端.exe"，如图 14-13 所示。

WAF-Setup.exe 深空web应用防火墙–管理端.exe 先看这里.txt

图 14-13 启动深空 web 应用防火墙

（13）打开防火墙管理端系统，如图 14-14 所示，配置服务器信息如下：

网址：127.0.0.1

用户名：admin

密码：admin-12345

用户类型：管理员

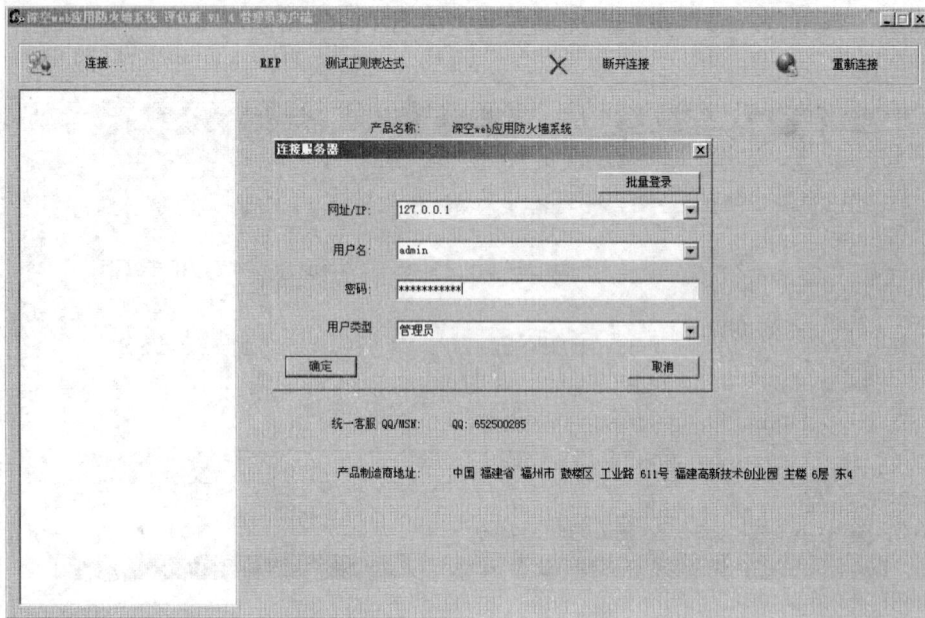

图 14-14　服务器配置信息

（14）点击"公共策略"，对防火墙软件进行配置，如图 14-15 所示。

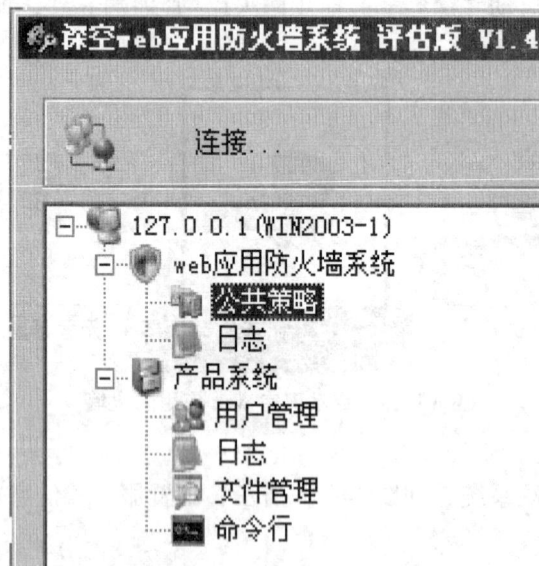

图 14-15　防火墙公共策略

（15）防火墙软件可以对网站实施多种防护策略，如图 14-16 所示。

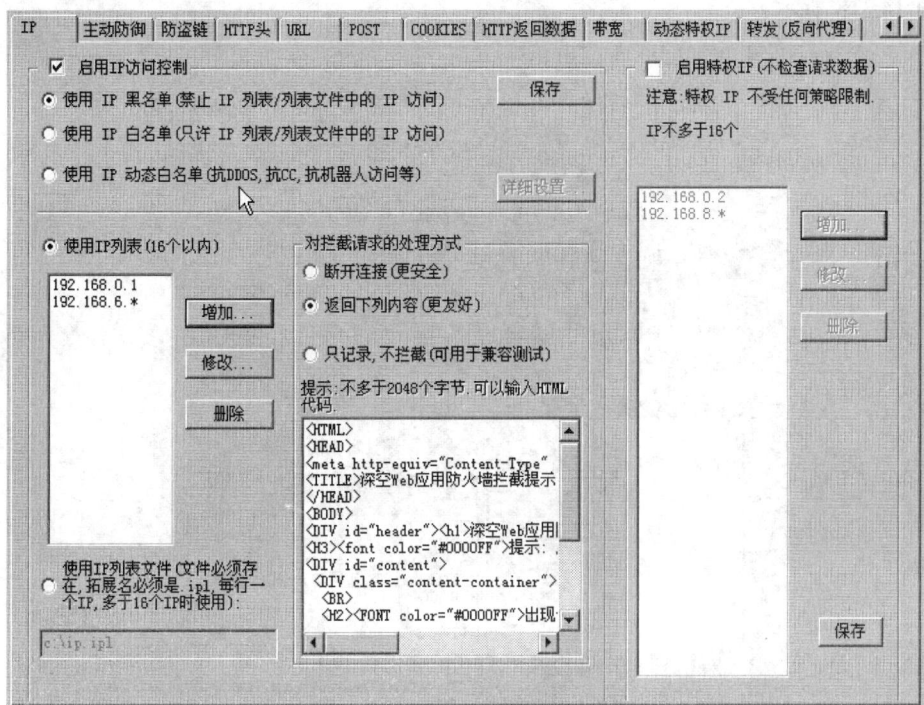

图 14-16 防火墙策略

（16）想要禁止非法用户访问网站可以对他的 IP 进行拦截，设置"启用 IP 访问控制"选项，增加要拦截的 IP 地址，如图 14-17 所示。

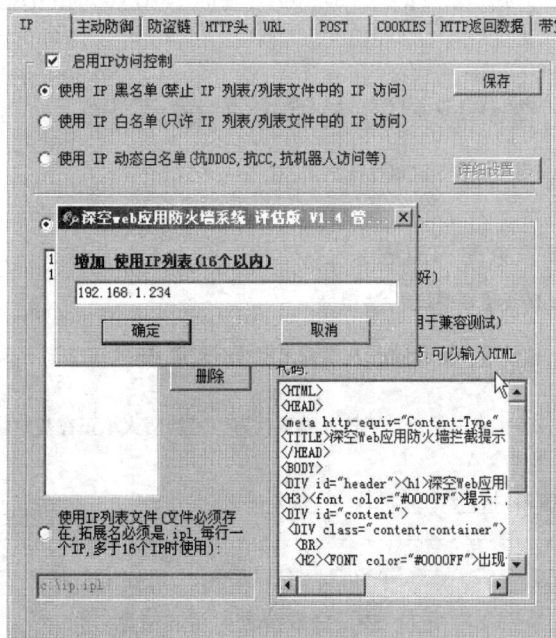

图 14-17 增加要阻止访问的 IP 地址

（17）选择拦截请求的处理方式为"返回下列内容（更友好）"，并设置拦截之后显示的提示信息，如图 14-18 所示。

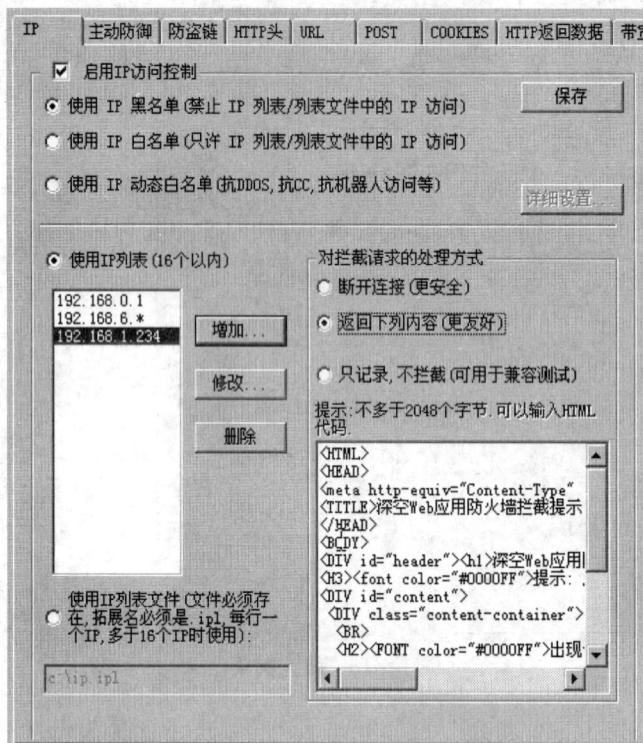

图 14-18 拦截访问请求显示提示信息

（18）当 IP 地址为 192.168.1.234 的用户访问网站时会出现如下信息，如图 14-19 所示。

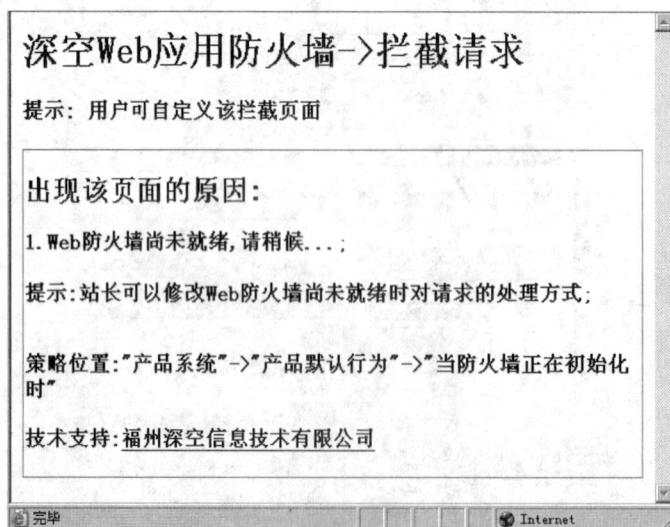

图 14-19 拦截请求显示的信息

👍 职业能力训练

一、填空题

1. _____是指在计算机程序中插入的破坏计算机功能或者毁坏数据，影响计算机使用，并能自我复制的一组计算机指令或者程序代码。

2. _____是指设置在内网与外网入口处或网络安全域之间的一系列软件或硬件设备的组合。

二、简答题

1. 电子商务网站安全问题主要包括哪些内容？

2. 维护电子商务网站安全的主要方法有哪些？

👍 观念应用训练

　　我们都不是完美的人，但都要接受不完美的自己。在孤独的时候，给自己安慰；在寂寞的时候，给自己温暖。学会独立，告别依赖，对软弱的自己说再见。生活不是只有温暖，人生的路不会永远平坦，但只要对自己有信心，知道自己的价值，懂得珍惜自己，世界的一切不完美，坚强一点，其实你都可以坦然面对。

　　生活中的许多苦难，让我们学会了承受、学会了担当、学会了在泪水中挺立自己的灵魂、学会了在坚韧中亮化自己的人格。生活从来都是波澜起伏的，命运从来都是峰回路转的，因为有了曲折和故事，我们的生命才会精彩。

　　人生是公平的，有付出就有收获。可能收获的东西不是我们当初所设想的，也可能收获的时间不是我们当初所希望的，但是一定会有收获。我们付出汗水，得到酬劳；付出时间，得到知识；付出真心，得到爱情；付出代价，得到经验；付出艰辛，得到成长。

　　当你觉得处处不如意时，不要自卑，记得你只是平凡人。当你很无助时，你可以哭，但哭过你必须要振作起来，即使输掉了一切，也不要输掉微笑。

　　人的一生，要走很多条路，有笔直坦途，有羊肠阡陌；有繁华，也有荒凉。无论如何，路要自己走，苦要自己吃，任何人无法给予全部依赖。不回避，不退缩，以豁达的心态面对，属于你的终将到来。

情景模拟训练

根据本任务内容找出 e 购尚品网站存在的安全问题并提出解决办法。

思维拓展训练

电子商务网站运行了一段时间之后，网站管理人员发现多个商品的价格信息被入侵者恶意修改为 1 元/件，并且引起了很多顾客的抢购，你如何解决这个问题？

课后练习参考答案

项目一

任务1 规划网站

1. 建设目的　实现的功能　2. CI　版面布局

任务 2 注册域名

1. B　2. A　3. A　4. A　5. D　6. B　7. D　8. B　9. D

任务 3 安装和配置网站服务器 IIS

1. Internet Information Services　2. 互联网　3. FTP 服务器

项目二

任务 4 处理商品图片

1. D　2. D

任务 5 制作网站 Logo

1. 答：标志（Logo），是用来表现事物特征的特殊图形符号。它具有面向大众传播、造型简洁明了、寓意深刻、易识别、易记忆的特点。

2. 答：①整体构思，切合主题。②围绕主题选择素材。③色调的问题。

任务 6 制作网页 Banner 广告

1. 答：①常见文字排列混搭方法。②网站 Banner 中文字倾斜和斜切排版。③文字变形处理。

2. 答：因为 Banner 广告是整个电子商务网站中最具有视觉传达部分，通常打开一个网站，第一眼看到的是网站 Banner 区域，因为 Banner 在整个网站编排中，所占位置最大，最为显眼，所以网站 Banner 设计是整个网站设计中最为重要的一部分。

项目三

任务 7　网上购物体验

1. A　2. C　3. C　4. D

任务 8　商品管理

1. C　2. A　3. B　4. B　5. B

任务 9　处理网站订单

一、填空题

淘宝网　京东商城　拍拍网

二、简答题

答：我喜欢去淘宝网购物，因为淘宝网引入订单评价制度，根据其他买家对该商品的评价，可以知道该产品的质量好坏、店家的服务态度如何，通过对比选择，可以让我用最低的价格，买到质量最好的产品。

任务 10　配置网站支付与物流

一、填空题

运送时间　运送安全性　运送区域　运送费用

二、简答题

答：我平时用顺丰快递比较多，最喜欢顺丰快递。虽然它的价格在所有快递公司里是最高的，但是它的运送速度最快，安全性也很高。

项目四

任务 11　网站的测试与修改

一、填空题

1. 为了及时发现存在的问题、完善站点的内容

2. 界面测试　功能测试　表单测试　cookies 测试　兼容性测试　安全测试。

3. Windows 系统　Unix 系统　Linux 系统　Macintosh 系统。

4. IE 浏览器　Chrome 浏览器　Firefox 浏览器　Opera 浏览器　Safari 浏览器；360 安全浏览器　搜狗浏览器　QQ 浏览器。

5. 安全测试。

任务 12　网站的推广

一、单选题

1. A　2. D　3. B

二、填空题

1. 一定策略

2. 提高网站的访问量；扩大企业知名度

3. 微信　分类目录　交换链接　网络广告　电子邮件推广　传统媒体推广　搜索引擎推广

4. 标题　关键字

5. 向谁推广　推广什么　怎么推广　在哪推广　什么时候推广

任务 13　网站的管理与维护

1. 网站管理人员制度　保密制度　网站的日常维护制度

2. 更新内容

3. 网站管理后台

4. 网站的维护

任务 14　网站的安全

一、填空题

1. 计算机病毒　2. 防火墙

二、简答题

1. 答：计算机系统安全漏洞；计算机病毒；黑客攻击；网页仿冒。

2. 答：升级操作系统；电子商务网站数据备份；安装网络杀毒软件及防火墙，提高网站的防御能力；设置复杂的用户名和密码。

参考文献

［1］李建忠. 电子商务网站建设与管理［M］. 北京：清华大学出版社，2012.

［2］李洪心，刘继山. 电子商务网站建设［M］. 北京：机械工业出版社，2013.

［3］张传玲，王红红. 电子商务网站运营与管理［M］. 北京：北京大学出版社，2009.

［4］尹强飞. 网站规划建设与安全管理［M］. 北京：中国铁道出版社，2010.

［5］徐洪祥. 网站建设与管理案例教程［M］. 北京：北京大学出版社，2010.

［6］梁露，李多. 电子商务网站建设与实践［M］. 北京：人民邮电出版社，2012.

［7］余爱云. 电子商务网站建设与管理实训［M］. 北京：北京理工大学出版社，2010.